VOYAGE

DE

LA TROADE.

VOYAGE

DE

LA TROADE,

Fait dans les années 1785 et 1786;

Par J. B. LECHEVALIER,

Membre de la Société des sciences et arts de Paris;
du Lycée de Caen, des Académies d'Edimbourg,
de Gottingue, de Cassel et de Madrid.

TROISIÈME ÉDITION,

Revue, corrigée et considérablement augmentée.

Ilion, ton nom seul a des charmes pour moi.
Lieu fécond en sujets propres à notre emploi,
Ne verrai-je jamais rien de toi, ni la place
De ces murs élevés et détruits par les dieux;
Ni ces champs où couraient la fureur et l'audace,
Ni des tems fabuleux enfin la moindre trace
Qui pût me présenter l'image de ces lieux ?
LAFONTAINE.

TOME TROISIÈME.

PARIS,

DENTU, Imprim.-Libraire, Palais du Tribunat,
galeries de bois, n.º 240.

AN X. — 1802.

VOYAGE

DE

LA TROADE.

CINQUIÈME PARTIE.

CHAPITRE PREMIER.

Justification d'Homère, des poëtes et des historiens de l'antiquité, qui nous ont transmis l'histoire du siége et de la prise de Troye.

Par J. B. S. Morritt.

Lorsque l'opinion des siècles passés a consacré une vérité quelconque ; lorsque le monde entier la regarde comme généralement notoire et re-

vêtue d'autorités irrécusables, il arrive
malheureusement que les siècles suivans l'admettent sur parole, s'en rapportant, avec quelque raison, à ceux
qui, plus voisins de la source, ont pu
mieux juger de l'authenticité ou de la
fausseté de cette tradition. Un assentiment aussi général peut bien la pro-
pager, mais en même tems il sert à la
miner sourdement, parce que la vérité
se reposant sans défiance sur le nombre
de ses adhérens, se tient moins en
garde contre ceux qui viennent ino-
pinément l'attaquer. M. Bryant nous
offre, en cette occasion, une preuve
bien frappante de la justesse de cette
observation. L'histoire de la guerre de
Troye, immortalisée par le plus grand
poëte de l'antiquité, fut reçue des premiers Grecs comme le récit d'un fait
authentique. Ce trait d'histoire nous
a bien été transmis, mais il avait acquis
à Homère une telle célébrité, que,
laissant aux historiens de tous les

siècles le fond du sujet , les poëtes
s'emparèrent du reste , et l'embellirent
des brillantes fictions que leur imagination sut enfanter. Fort d'un acquies-
cement aussi général, pour ne pas
dire universel, nous osons ici soutenir
une opinion qui a triomphé d'une aussi
longue succession de siècles. M. Bryant
n'est pas, j'en conviens, le premier
qui l'ait combattue.

Sed omnes illacrymabiles
Urguentur ignotique longâ
Nocte.

Leurs écrits ont fait peu d'impression sur les peuples ; ils ont prouvé
que les faits sur lesquels reposait le
respect que nous avons pour ces traditions, n'étaient pas de nature à être
alors révoqués en doute. On les attaque
aujourd'hui avec plus de succès, et plusieurs personnes appuyant les détracteurs de l'antiquité , s'imaginent que
c'est avec juste raison qu'on a cessé de

la respecter. Essayons donc de soutenir ses droits ; et peut-être en recher-
chant de bonne foi les titres , serons-
nous assez heureux pour en retrouver
les restes suffisamment conservés, dans
les fastes trop négligés du tems et de la
raison. Mais comme aucune autorité ,
aucun raisonnement ne peuvent être
admis en preuves , tant qu'on leur oppose des assertions qui en sapent les
bases , nous allons auparavant examiner les argumens dont on s'est servi
pour les combattre. Il faut donc réfuter les accusations que l'on intente
aujourd'hui trop généralement à l'antiquité , pour parvenir ensuite à lui
rendre son ancien lustre. Dans cette
défense , je suis loin de prétendre ici
au mérite de la méthode : je prendrai
les objections de M. Bryant dans l'ordre
où il les a classées ; je le suivrai pas à
pas , et je lui répondrai avec autant de
précision qu'il me sera possible , ren-
voyant ceux qui en voudraient savoir

davantage, à la lecture de son étonnant ouvrage.

En entrant en matière, M. Bryant (1)
commence par rendre un juste hommage aux écrits et au génie d'Homère :
il reconnaît franchement que, sous
plusieurs rapports, ce poëte mérite
une place parmi les historiens aussi
bien que parmi les poëtes : il avoue que
le caractère particulier de l'Iliade est
d'être rarement ou fabuleuse ou roma-
nesque; et néanmoins, immédiatement après ces aveux, il déclare qu'il
révoque en doute l'histoire entière, et
même jusqu'à l'existence de cette ville
fameuse, qui fut l'objet de la guerre,
et qui, suivant lui, n'exista jamais
en Phrygie.

Quoique la chose lui paroisse par-

____

(1) *M. Bryant*, sur la guerre de Troye, ch. 1,
concernant l'excellence d'Homère et sa précision.

faitement innocente, il exprime cependant quelques craintes de se faire
des ennemis, en attaquant une opinion
aussi générale. Je ne suis nullement
l'ennemi de M. Bryant pour cette raison ; mais je ne puis m'empêcher d'observer que, malgré cette apparence de
candeur, il ne me paraît pas avoir em-
brassé l'alternative avec indifférence.
Le lecteur jugera si cet écrivain a toujours raisonné de bonne foi : et si l'on
trouve que la manière dont il explique
les passages des auteurs est contredite
par le sens ; si ses traductions sont
essentiellement différentes du texte ;
si même ses copies sont infidelles, on
ne pourra s'empêcher de sourire à la
ferveur, au zèle et à la partialité avec
lesquels il s'est empressé de défendre
un système dont il puise la source en
Egypte, tout en paraissant ne chercher
qu'une vérité littéraire.

Le défaut de précision dans la chronologie des premiers siècles, est la

première objection que M. Bryant (1)
fait à la véracité d'Homère. En conséquence, après avoir encore répété les
articles auxquels il ne croit pas, il
ajoute qu'il adhère fermement au sentiment de Varron, auquel il fait dire,
qu'avant les olympiades, les Grecs
n'avaient aucune histoire certaine. Cependant, Censorinus, dans lequel il a
pris ce passage, s'exprime de la manière
suivante : « *M. Varro primam olym-*
« *piadem terminum ponit inter* μυθικον
« *tempus et historicum.*» Nous con-
venons de bonne foi que ce n'est qu'à
la première olympiade que nous pouvons assigner l'époque de quelque exactitude chronologique dans l'histoire.
Néanmoins des événemens remarqua-
bles peuvent certainement avoir eu lieu
auparavant ; et Homère peut nous les
avoir transmis, sans cependant qu'il

____

(1) Il n'y a point de certitude historique
avant les olympiades. *Bryant*, p. 9.

soit possible de déterminer, d'après lui, aucune date de l'histoire, avec autant de précision que d'après Thucydide. Homère était poëte, et, sans être entré dans aucun détail chronologique, il peut être historien. Mais le scepticisme, qui révoque en doute toute l'histoire antérieure aux olympiades, pour croire à toute l'histoire grecque postérieure à cette époque, me paraît avoir tiré une ligne de démarcation entre l'histoire et la fable, avec une précision difficile à défendre. Homère et Hésiode vivaient avant les olympiades : si leurs ouvrages étaient détruits, il s'ensuivrait donc que nous pourrions nier l'existence de ces deux poëtes. Cette réflexion peut s'appliquer à Orphée, à Linus, à Musée et à Thamyris. Car, suivant ce systême, les ouvrages apochryphes qu'on aurait publiés sous leur nom, pourraient avoir été fabriqués sur de fausses traditions, et ne prouveraient pas qu'ils aient réellement existé. Mais où nous conduira donc un pareil système ; et où devons-nous nous arrêter ? Au surplus, si je réussis à prouver que le fait chanté par Homère ne contient ni anachronisme, ni contradiction ; si je démontre au contraire qu'il est soutenu par l'accord des témoignages décisifs de la tradition et de l'histoire, le lecteur refusera peut-être à se livrer au scepticisme qu'on veut lui faire partager. On nous cite encore un passage de Justin - Martyr, pour confirmer le témoignage de Varron (1). Je suis fâché d'être obligé

______

(1) Bryant, p. 9. « Αλλως τε ȣδε τȣτο υμας αγνοειν
« προσηκει οτε ȣδεν Ελλησι προ των ολυμπιαδων
« ακριβες ιστορηται. ȣδε εστι τι συγγραμμα παλαιον
« Ελληνων κ̀ βαρβαρων σημαινον πραξιν.

« De plus vous devriez bien savoir que les
« Grecs n'avaient point d'histoire sur laquelle
« ils pussent compter avant les olympiades ; ils
« n'ont sur l'antiquité aucun témoignage écrit,
« relatif à eux-mêmes ou aux autres nations ».

Cette comparaison entre l'antiquité des écri-

de dire que la version et l'application qu'on en fait sont également fautives. Justin affirme bien la priorité de Moïse; mais il ne dit pas que les Grecs « *n'avaient aucune histoire digne de leur confiance.* » Il dit qu'ils n'en avaient

---

vains sacrés et les anciennes fables des Grecs, est devenue aujourd'hui un sujet fréquent de controverse parmi les écrivains de la chrétienté: mais lorsqu'ils assurent que l'époque de Troye est de beaucoup postérieure aux faits mentionnés par le législateur des Juifs, il ne faut pas entendre qu'ils doutaient de l'existence de cette ville, à la destruction de laquelle ils assignent une époque positive. Théophile, évêque d'Antioche, infère de Manethon, que Moïse et les Hébreux étaient de 900 ou mille ans antérieurs aux Troyens ou plutôt à la guerre de Troye : Προγενεστερον ειναι Τον Μωσην κ̀ τας συν αυτω εννεακοσιας η χιλιας προ τυ ιλιακυ πολεμυ...... Théophil. Antiochen. ad Autolicum, l. III, p. 253.... Il déclare encore, que non-seulement Moïse, mais encore les autres prophètes ont précédé tous les écrivains profanes, ainsi que Belus, Cronus, et la guerre de Troye. Car, suivant l'histoire de Thallus, on trouve que Belus n'a vécu que trois

aucune « *aussi exactement détaillée* »
que celle qui fait le sujet du pentateuque, en comparaison duquel « *ils
n'avaient aucun écrit de l'antiquité.* »
Mais la guerre de Troye était postérieure au pentateuque, et Homère était
postérieur à la guerre de Troye.

———

cent vingt-deux ans avant le siége de Troye, et
nous avons déjà trouvé qu'il considérait l'époque
de Moïse comme antérieure de neuf cent trente
ans à cet événement, *ibidem*, p. 382. Lactance
cite ce dernier passage de Théophile, et tour-
nant en dérision les divinités transitoires du
paganisme, afin de démontrer combien la
naissance de Saturne était d'une date récente,
quoiqu'il fût le père des autres, il fonde une
chronologie sur une suite de plusieurs générations, et il ajoute : « *Ab excidio autem urbis
Trojanæ colliguntur anni* 1470. » Il fixe à cet
événement l'époque où l'histoire a commencé
à prendre une forme plus régulière ; car alors
on ne compta plus les années par généalogies.
Lactance, l. I, ch. XXIII. Dans un autre endroit,
en parlant de Moïse, il dit : *Trojanum bellum
nongentis fere annis antecessit.—Ib.* l. IV, ch. V.

Pâris, prince asiatique (1), se rend
dans une cour de la Grèce ; il l'insulte,
en enlevant la reine, les trésors et les
esclaves du roi ; rien n'est difficile à
croire dans un fait aussi simplement
raconté. Cependant, M. Bryant, réunissant toutes les histoires merveil-
leuses rapportées par les auteurs grecs,
ne voit, de tout côté, qu'un assem-
blage impénétrable de fictions (2).

---

(1) Observations sur le sujet de la guerre,
Bryant, p. 10.

(2) Origène, dans sa réponse à Celsus, en
réplique à la demande que celui-ci lui faisait
d'un témoignage sur un point que lui Origène
lui contestait, fait précéder son raisonnement
d'une observation qui revient tellement à mon
objet, que je ne puis m'empêcher de le transcrire.
« Quelque vrai que soit un récit, dit-il, il est en
général difficile, pour ne pas dire impossible,
d'en établir la vérité sans donner lieu à la controverse. Supposons, par exemple, que l'histoire
de la guerre d'Ilium fut contestée, et que pour
cela ses détracteurs voulussent s'appuyer sur la

La naissance extraordinaire d'Hélène, les songes d'Hécube, l'éducation de Pâris (1), le différend des trois déesses, sont, selon lui, des absurdités si fortes, qu'elles ne permettent pas d'ajouter foi à la moindre partie de toute cette his-

---

quantité de choses impossibles qui se trouvent liées à cet événement, que pourrions nous faire en ce cas, pressés par une fiction d'un côté, et de l'autre par l'opinion universellement établie, que la guerre d'Ilium entre les Grecs et les Troyens a vraiment eu lieu. » Παρα πασι δοξη περ τε αληθως γεγονεναι τον εν Ιλιω πωλεμον Ελληνων και Τρωιον. Origène tire de ces circonstances impossibles, une conclusion bien différente de celle de M. Bryant : il regardait la guerre d'Ilium comme un fait indubitable, quoiqu'on pût aisément lui faire quelque objection apparente. *Origen. contra Celsum*, l. I, p. 32. édit. Spenceri. Cantab. 1658, in-4°.

(1) Pâris était d'une justice si exemplaire, qu'il fut choisi pour juge entre les trois déesses ; M. Bryant nous donne cette opinion sur la foi de Natalis Comès, il se livre ensuite à discuter sur l'absurdité de cette assertion : mais Natalis

toire. Lorsque depuis, Alexandre prétendit à une origine divine, cette chimére fut reconnue par les flatteurs de sa cour, et la civilisation de son siècle put à peine empêcher le miracle de s'accréditer. Sa mère, Olympias, eût du tems de Leda obtenu des honneurs semblables; qu'en inférera-t-on? Dira-t-on qu'Alexandre était un être fabuleux ? Nous croyons cependant implicitement à son existence. J'ajouterai que la plupart de ces histoires n'ont pour fondement que les rêveries des poëtes, ou des contes vulgaires qui

---

Comès est si moderne, que cela seul répond à tout ce que l'on pourrait dire à cet égard, et suffit pour décharger Homère d'une accusation pareille, car il n'a rien de l'absurdité de ses successeurs. Mais les anciens auteurs ne paraissent pas d'accord sur cette opinion de la justice de Pâris; car avant qu'il prononçât son jugement, les parties lui firent chacune leurs offres, ce qui prouve qu'il était au moins susceptible de corruption.

n'ont aucun rapport avec Homère.
Quelques-uns pouvaient avoir le mérite local de quelques allusions, que
depuis long-tems on a cessé de comprendre. Les traditions d'un peuple
dans ses premiers âges, sont toujours
fabuleuses et souvent allégoriques. Ces
fictions, introduites dans un poëme,
en pourraient beaucoup rehausser le
mérite ; et cependant le poëme conti-
nuerait toujours à reposer sur un fait
historique. Sans chercher à pallier ou
à excuser ces histoires collatérales,
j'affirmerai que je ne vois pas ce qu'on
pourrait en inférer pour réfuter des
faits qui n'ont rien de commun avec
leurs absurdités ; je dirai même qu'on
peut en retirer de fortes raisons en
faveur de l'opinion contraire, puisqu'elles servent à prouver qu'il existait des traditions relatives à la guerre
de Troye avant Homère, qui, par
conséquent, n'en est que l'historien
et non l'inventeur. *et déja, dit-on, il
y avoit une Iliade antérieure à la
Sienne. Voyez plus bas, p. 78.*

Considérons présentement la conduite de la guerre (1) et l'armement antérieur qui suivit l'enlèvement d'Hélène. Ménélas, que cet outrage offensait principalement, s'unit à son frère, prince puissant qui régnait sur de vastes états. La Grèce fourmillait alors de soldats avanturiers; et tandis que l'agriculture y était négligée et le commerce inconnu, des troupes de soldats conduits par des capitaines entreprenans, étaient toujours prêts à s'assembler, dès qu'on levait l'étendard de la guerre. Appelés par les deux plus puissans chefs de la Grèce, ils formèrent à Aulis une grande confédération.

Cette assemblée doit être moins considérée comme une réunion de députés des états de la Grèce, que comme un rassemblement de soldats. On y vit les

____

(1) Sur la conduite de la guerre, et l'armement antérieur. *Bryant*, p. 12.

Béotiens, les Locriens, les Magné-
siens, les Étoliens et les Thesprotiens
de Dodone. Les peuples de Samos, de
Rhodes et de Crète fournirent aussi leur
contingent en hommes et en vaisseaux.
On voit par-là, que plusieurs guerriers
se réunirent à cette ligue, sans avoir
d'injure personnelle à venger, ni de
liaisons étroites avec Ménélas ou Agamemnon (1). C'est là que M. Bryant

---

(1) Mytfort, dans son Histoire de Grèce, nous
rapporte une histoire si analogue à celle de Troye,
que je ne puis me refuser au plaisir de la transcrire
ici. Si elle a eu lieu, c'est au moins une preuve
qu'il était possible qu'une force considérable prît
les armes en pareille occasion. Et c'est contre
cette possibilité que M. Bryant dirige ses premières
attaques. « Des actions, comme celles de Pâris,
n'étaient pas rares en Irlande, dans le douzième
siècle. Dermot, roi de Leinster, forma le dessein
d'enlever Dervorghal, beauté célèbre, et femme
de O'ruark, roi de Leitrim ; et soit par adresse
ou par force, il y réussit. O'ruark ressentit cet
affront, comme on peut bien le croire. Il forma

trouve une difficulté insurmontable.
Mais nous, quelle raison avons-nous
de supposer que toute cette armée ne
fut conduite que par le motif chevale-

---

une confédération avec les capitaines voisins , et
parvint à y faire entrer le roi Connaught, le
prince le plus puissant de l'Irlande, qui se mit
à leur tête. On s'empara de Leinster, et on re-
couvra la princesse. La guerre continua ensuite
pendant plusieurs années avec des succès divers.
Dermot fut chassé de son royaume. Ce roi fugitif
intéressa dans la suite Henri II dans sa querelle ;
et le résultat de cette animosité particulière fut
la conquête de l'Irlande par l'Angleterre.» (*Voy*.
l'Histoire de la Grèce, de Mytford, vol. 1 , ch. 1,
sect. 4.) «Comment se fait il que le roi de Con-
« naught et celui d'Angleterre, Henri II, aient pris
« tant d'intérêt à la querelle d'une femme qui ne
« devait intéresser que son mari?» (*Bryant*,p. 17.)
« La perte d'une femme (Dervorghal ou Hélène)
« était un de ces malheurs particuliers qui ne
« concernait que O'ruark ou Ménélas ». Il faut
donc convenir que ce qui est arrivé en Irlande ,
peut très-bien être arrivé en Grèce. Je saisis
cette occasion pour déclarer que j'avais écrit la

resque (1) de recouvrer l'infidelle
épouse de Ménélas (2)? Achille déclare qu'en venant se joindre à la confédération, il a cédé à la considération
personnelle qu'il a pour Agamemnon
et Ménélas. Le même motif peut en
avoir décidé d'autres. Quelques-uns
ont pu céder au désir d'acquérir de la
renommée ; car dans ces tems de vio-

---

plus grande partie de cet ouvrage avant de lire
ce passage de Mytford ; et cependant, en ouvrant
son ingénieuse apologie d'Homère qui précède
l'histoire que je viens de citer, j'ai été infiniment
flatté d'y retrouver beaucoup de mes remarques
anticipées, et de voir que cet écrivain leur avait
tellement rendu justice, que je n'ai pas fait à
M. Bryant une seule réponse dans cette partie
de son ouvrage, qui ne soit sanctionnée par son
témoignage. *Voyez* toute la section. (Mytford,
sect. IV, ch. I.)

(1) Ménélas désavoue lui-même ce motif dans
Euripide, et donne pour raison de sa vengeance,
l'insulte qu'il a reçue. *Voy.* Les Troyennes.

(2) *Homere.* Il. I, v. 150. — *Bryant,* sur la
guerre de Troye, p. 13.

lence et de rapine, le héros qui embrassait la cause de la justice était regardé comme un dieu. Il était presque révéré comme tel par la reconnaissance et l'enthousiasme des nations qu'il vengeait ou qu'il protégeait. Le ressentiment qu'inspirait l'infraction de l'hospitalité violée, devait avoir d'autant plus de force et d'énergie, que la malédiction attachée à un pareil crime, devait, suivant leurs opinions religieuses, en assurer, pour ainsi dire, le succès. Mais la plus grande partie se laissa sans doute entraîner dans la ligue, par l'espoir de ravager l'Asie septentrionale. Les petits chefs, qui (comme l'observe très-bien M. Bryant) étaient toujours engagés dans des guerres de pirates, durent nécessairement se réunir, lorsqu'on leur présenta la perspective d'un grand butin, et qu'ils virent assembler des forces capables d'en assurer la conquête. Aujourd'hui même encore, la Grèce fourmille de bandes d'avanturiers audacieux, toujours prêts à prendre part aux guerres des gouverneurs turcs. On les emploie souvent au milieu de l'Asie : ils se donnent au plus offrant, ou à celui qui leur fait espérer plus de pillage. Nous voyons encore que l'agriculture y est négligée comme elle le fut jadis. La piraterie y est exercée comme elle l'était alors. Il y a peu de communication entre les provinces. Enfin, ce pays offre les mêmes caractères qu'autrefois ; il ne lui manque que la liberté et l'honneur. Cette ressemblance est sans réplique ; et nous la reconnaissons d'autant plus facilement, que M. Bryant avoue lui-même que Thucydide, quoiqu'en garde contre toutes les suggestions qui peuvent déprimer les mœurs des siècles héroïques, ne les a cependant jamais considérées comme des objections à la véracité d'Homère.

Cependant, le même chapitre renferme une autre objection de M. Bryant. La voici : « Il paraît bien « étrange, dit-il, que tant de villes « et d'états se soient réunis pour « ravoir Hélène , quand elle prit vo- « lontairement la fuite ; tandis que pas « un seul hameau ne prit sa défense, « quand Thésée l'enleva de force, « quoique cet acte fût un outrage à la « Déesse au service de laquelle elle était « consacrée. » Cet enlèvement d'Hélène est rapporté de bien des manières ; et Plutarque nous en fait connaître quelques-unes. Mais , sans m'attacher au fond de l'histoire, je ne vois pas qu'il soit du tout étrange que l'armement fait contre Troye n'ait point eu lieu contre Thésée. Nous trouvons , il est vrai , dans le récit de M. Bryant, que Castor et Pollux *seuls* le poursuivirent pour la délivrer , et qu'ils le poursuivirent *immédiatement* ; puisque d'après leur âge , il conclut qu'Hélène était déjà femme. Mais tout cela est fort inexact (1). Les frères le poursuivirent, mais non pas avant d'avoir levé des forces considérables. Ils assiégèrent Athènes pendant l'absence de Thésée, alors en Epire ; et après avoir défait les forces athéniennes près d'Aphydné, ils prirent cette forteresse, dans laquelle ils retrouvèrent leur sœur. On remarque aussi ces détails dans Plutarque, avec beaucoup d'autres circonstances qui prouvent combien ces traditions étaient généralement reçues. Mais puisque Castor et Pollux rassemblent en effet des forces suffisantes pour reprendre leur sœur et venger leur insulte, il n'y avait certainement aucune raison pour faire un armement plus considérable : et, d'un autre côté, la maison de Tyndare n'était pas assez considérée, soit par ses richesses, soit

_____

(1) Où prirent-ils donc ces forces, si pas un hameau ne voulait ou ne pouvait en fournir ?

par ses alliances , pour armer en sa faveur ces nombreux auxiliaires qui se
rassemblèrent dans la suite sous les
drapeaux bien plus favorables des
fils d'Atrée. Ainsi, lorsque M. Bryant
conclut que depuis le commencement
jusqu'à la fin, cette histoire n'est qu'une
fable, c'est au lecteur à juger si les
raisons qu'il a données, peuvent justifier une pareille conclusion.

(1) Venons maintenant à son second
chapitre. M. Bryant le commence par
un aveu qui sera d'un grand poids auprès des personnes qui voudront se
ranger à l'opinion générale de la Grèce.
« Thucydide , dit-il , malgré sa saga-
« cité et son amour pour la vérité , ne
« pouvait s'empêcher de parler de la
« guerre de Troye : cet événement
« intéressait trop la gloire et la reli-
« gion de son pays. » Thucydide ne
craint pas de s'arrêter à cette époque

____

(1) Improbabilité encore plus grande de cette
histoire. *M. Bryant, sur la guerre de Troye*, p. 16.

célèbre, ni de nous entretenir des principaux faits d'une guerre aussi fameuse ; il en parle comme d'un événement connu, et lui imprime ainsi le
caractère le plus authentique. En effet,
se serait-il permis de donner une tradition populaire pour une vérité indubitable, dans le moment où rien ne
l'engageait à soutenir une telle assertion, dans un siècle où de toutes parts
pouvaient s'élever des contradicteurs?
Si cet écrivain eût été soupçonné
d'exagération, son histoire fût devenue indifférente aux grands hommes
qui illustrèrent le siècle d'Athènes.
Loin delà ! Démosthène l'étudiait sans
cesse, et ceux qui ont écrit sa vie n'ont
pas craint de publier que les œuvres
de Thucydide ayant péri dans l'incendie de la bibliothèque d'Athènes,
on les retrouva dans la mémoire de
l'orateur ennemi de Philippe, qui eut
soin de les dicter et de les faire récrire.

Déjà la confiance que mérite per-

sonnellement cet historien, paraît assez
bien établie. Son suffrage pour la réalité de la guerre de Troye, ne peut
donc être que bien précieux : et quand
on réfléchit aux occasions sans nombre
qu'il a eues d'examiner la vérité, à la
multitude de témoignages contemporains que le tems a fait disparaître
avec lui, ou que la barbarie des siècles
suivans à détruits, on ne peut refuser
d'ajouter foi à l'opinion réfléchie d'un
écrivain aussi judicieux et d'un siècle
aussi éclairé. Mais, sans nous reposer
entièrement sur son autorité, examinons les objections que M. Bryant
puise dans le récit de cet historien. Il
nous dit qu'avant cet événement, les
Grecs n'avaient jamais rien fait de
concert ; qu'ils menaient une vie in-
certaine et vagabonde. Il nous représente les Pélasges comme un peuple
errant dans leur pays, où le peu de
sûreté dont ils jouissaient ne leur per-
mettait que de faibles communications

entr'eux, et leur interdisait toute espèce de commerce. L'agriculture et le
négoce étaient également négligés,
parce qu'ils ignoraient en quelles mains
pourraient tomber leurs moissons ou
leurs trésors. Comment se fait-il donc,
dit M. Bryant, que dans une crise pareille, ils aient pu s'unir pour reprendre une femme fugitive ? et comment cent mille hommes ont-ils pu se
rassembler dans des états, qui depuis
ne purent en envoyer que dix mille à
Marathon, et à peine sept mille aux
Thermopyles ? Arrêtons-nous un moment pour faire remarquer le peu
d'analogie qu'il y a entre ces deux
événemens et l'expédition des Grecs
contre Troye. L'armée de Marathon
n'était composée que d'Athéniens, si
l'on excepte mille Platéens, les seuls
alliés qu'ils eussent dans le combat.
Léonidas et ses troupes furent envoyés
pour défendre un étroit défilé, et pour
y tenir ferme jusqu'à ce qu'on pût as-

sembler une plus grande armée pour s'opposer à l'ennemi. Dans ces deux cas, les forces des Grecs ne consistaient que dans quelques héros levés à la hâte, pour prévenir une surprise, jusqu'à ce que leurs compatriotes eussent le tems de se préparer à une résistance plus efficace. Il paraît qu'à la bataille de Platée, leur armée était beaucoup plus forte. Elle était composée, suivant M. Bryant, de soixante et douze mille cinq cents hommes, sans compter les Ilotes ; mais comme ils étaient Grecs aussi bien que les autres, nous pouvons les comprendre dans notre calcul, et nous trouverons que l'armée entière (1) se montait à cent

---

(1) *LISTE des forces qui combattirent à Platée, suivant Hérodote.*

Laconiens et Spartiates	10,000	Chalcidiens 400
Tégéatiens	1,500	Ambraciens 500
Corinthiens	5,000	Leucadiens et Anactoriens 800
Potidéens	300	Paléens. 200
Arcadiens, Orchoméniens	600	Æginates 500
Sicyoniens	3,000	De Mégare 3,000

dix mille hommes (ενδεκα μυριαδες). Il faut aussi ne pas oublier que les Grecs armaient alors par mer et par terre à-la-fois, et que le jour même où la bataille de Platée eut lieu, ils opposaient aux Perses des forces considérables à la bataille de Mycale.

Epidauriens	800	De Platée	600
Trézéniens	1,000	D'Athènes	8,000
Lepréates	200	Thespiens non armés	1,800
De Mycène et de Tirynthe	400	Grecs armés à la légère	34,500
Phliasiens	1,000	Ilotes armés à la légère	35,000
D'Hermione	300		
Erétriens et Styriens	600		
	24,700		24,700

TOTAL . . . 110,000

ενδεκα μυριαδες.

Déduction des Ilotes	35,000
Reste	75,000
Déduction des Thespiens non armés	18,000
Resté	73,200

Ainsi le compte de M. Bryant qui ne se porte qu'à 72,500, n'est pas exact, même sur ses propres principes. *Hérodote*, l. IX, p. 597.

Il faut aussi observer que les forces
de la Grèce, dans ces occasions, furent
levées dans une étendue de pays bien
moindre (1) que celle qui fournit les
troupes employées à l'armement contre
Troye , et dans un tems encore ou plusieurs états de la Grèce étaient séparés
de l'alliance par leurs intérêts politi-
ques, ou affaiblis par leurs divisions intestines. Il paraît étrange à M. Bryant
qu'on puisse regarder comme un effort
extraordinaire , de la part de la Grèce ,
d'avoir fourni une armée comme celle
qui combattit à Platée , dans un tems
où ce pays abondait en argent et en
hommes , tandis que l'on trouve tout
simple qu'elle ait pu fournir et entretenir un armement aussi considérable

---

(1) *Liste des districts qui fournirent des
troupes au siége de Troye.*

La Béotie , Phocis, Locris, Eubée, Athènes ;
Salamine, Argolide, Mycène, Sycione et Co-

sous les ordres d'Agamemnon, dans les siècles grossiers dont parle Thucydide. Mais cet étonnement doit cesser, quand on réfléchira que les siècles de barbarie ont fourni des armées d'une telle force, que dans les temps plus civilisés, elles ont été regardées comme fabuleuses. En faut-il des exemples ? Nous allons en citer. Pausanias nous dit que quand les Celtes envahirent la Grèce sous Brennus, le nombre des barbares ne montait pas à moins de 152,000 hommes de pied et 61,200 chevaux ; en tout, 213,209 hommes effectifs. Les Cimbres et les Teutons que Marius vainquit, lui opposèrent sur le champ de bataille 300 mille hommes effectifs, suivant Plutarque, armée qu'à peine on pourrait

___

rinthe, Achaïe, Laconie, Messenie, Arcadie, Elis, îles des côtes de l'ouest, Acarnanie et Etolie, Crête, Rhodes, les îles du sud de la mer Egée et la Thessalie.

lever aujourd'hui dans toute l'Allemagne, malgré les avantages que lui
donnent ses richesses et sa civilisation. Les Gaulois, sous la répu-
blique, saccagèrent et brûlèrent la
ville de Rome ; les Huns, les Goths
et les Vandales réunirent depuis des
armées si considérables, que la grandeur en paraît fabuleuse à ceux qui les
comparent à la population actuelle
du nord de l'Europe. Cette même
grossièreté, cette même barbarie sur
lesquelles M. Bryant appuie ses objections, sont précisément ce qui en
prouve la futilité. On lève bien plus
facilement des armées dans des pays
non civilisés et barbares, où l'indus-
trie des habitans n'est point tournée
vers le commerce ; où l'agriculture
ne les attache point à leur pays
natal ; et où par conséquent la population ne consiste qu'en avanturiers
vagabonds, toujours prêts à s'assembler, soit par amour pour la gloire,

soit par un sentiment encore plus fort, le désir du butin. Il faut aussi admettre que la tradition peut avoir été exagérée; et nous devons naturellement supposer que le poëte grec, jaloux de donner tout le lustre possible à la gloire de son pays, se sera de préférence attaché à la tradition la plus favorable à cette vue; c'est-à-dire, qu'il aura cité celle qui porte les forces grecques au nombre le plus considérable. Je pense que si le lecteur examine toutes ces raisons avec impartialité, il aura peine à partager l'opinion de M. Bryant, et ne conclura pas avec lui que l'expédition de Troye était impossible.

L'objection suivante, que M. Bryant fait à l'histoire d'Homère, porte sur la marine des Grecs. « Il est incroyable, « dit-il, que des états qui fournissent « si peu de vaisseaux à Salamine et à « Artemisium, eussent été capables « d'en armer autant pour l'expédition « de Troye. » A cela, nous observerons

3.

premièrement , que l'analogie entre
ces deux batailles et l'armement fait
contre Troye, n'est pas assez exacte
pour que M. Bryant puisse en rien conclure de relatif aux forces comparatives
des états de la Grèce , à deux époques
aussi différentes. Les héros d'Homère
furent transportés en Phrygie sur des
vaisseaux tels qu'on les avait alors , et
qui servaient indifféremment pour le
commerce , pour la piraterie ou pour
la guerre ; on peut très-bien supposer
qu'il s'en trouvait une grande quantité
dans les ports nombreux de la Grèce
et dans ses îles. Mais les vaisseaux
qui combattirent les forces navales de
Perse, étaient des trirêmes , des pentécontores armés , et construits exprès
pour la guerre. Ce n'étaient point des
vaisseaux de transport frétés par des
particuliers , comme ceux qui furent
employés dans l'expédition de Troye.
Ces vaisseaux-là formaient la marine de
l'état des différentes puissances qui les
fournirent; et si nous en exceptons l'At.

tique, les autres états n'avaient encore
que des forces navales peu considérables. Il est donc possible que les ports
du Péloponèse aient, dans le premier
cas, possédé quatre cent trente vaisseaux propres à faire des transports, et
cependant n'aient pu armer que quatre
vingt-neuf vaisseaux de guerre (1), qui

---

(1) *LISTE des forces navales de la Grèce, qui combattirent
à Salamine et à Artemisium.*

Vaisseaux envoyés à Artemisium.

Trirêmes.

de Lacédémone	10	
de Corinthe . .	40	
de Sicyone . .	12	Etats du Péloponèse.
d'Epidaure . .	8	
de Trézène . .	5	
En tout	75	

Chalcidiens . .	20		
d'Athènes. . .	127		
de Mégare . . .	20		
d'Ægine . . .	12		
d'Erétrie . . .	7		
de Styrée . . .	2		
de Cios	2	Pentécontores	2
Les Locriens.. .		. . . . .	7

Total des forces
grecques . . . 265 Trirêmes.

Pentécontores 9

Vaisseaux envoyés à Salamine.

Trirêmes.

Lacédémone .	16	
Sicyone . . .	15	
Epidaure . .	10	Etats du Péloponèse.
Trézène. . . .	5	
Corinthe . . .	40	
Hermione . .	3	
En tout	89	

Athènes . . .	180		
Mégare . . .	20		
Ambracie . .	7		
Leucade . . .	3		
Ægine. . . .	30		
Chalcis . . .	20		
Erétrie . . .	7	Pentécontores.	
Mélos Syphnos et Scryphos.		. . . . .	4
Cios.	2	. . . . .	2
Naxos. . . .	4		
Styrée	2		
Cynthos . . .	1	. . . . .	1
Crotone . . .	1		
Forces totales grecques—trir.	368	Pentécontores	7

firent partie des forces navales de la Grèce aux batailles de Salamine et d'Artemisium. Ce qui rend la chose encore plus probable, c'est l'état précaire où se trouvait alors le commerce, et par conséquent les forces maritimes qui en résultent. En effet Athènes, le seul état qui eût porté toute son attention vers sa marine, équipa jusqu'à cent quarante - sept vaisseaux pour combattre à Artemisium. Sur ce nombre, vingt étaient manœuvrés par les Chalcidiens ; et dans la suite, cette même ville fournit à la bataille de Salamine un contingent de cent quatre-vingts galères à trois rangs de rames, sans en compter vingt autres qu'elle prêta aux Chalcidiens. Athènes seule équipa donc plus de vaisseaux que le double de la force entière du Peloponèse : ce fait prouve que les forces navales ou maritimes des anciens n'étaient pas en rapport de la population respective de leur pays. Dans le tems d'Homère, ou

plutôt dans celui d'Agamemnon (1),
Mycène et Argos dominaient sur des
pays florissans ; mais lors de la guerre
de Perse , la prépondérance que Sparte
et Athènes avaient acquise , les avait
déjà bien fait décheoir. Le grand législateur de Sparte n'avait point encore
interdit le commerce aux Lacédémo-
niens; et il est probable qu'alors leurs
relations maritimes étaient supérieures
à ce qu'elles furent dans les siècles qui
suivirent celui de Licurgue. On voit
donc qu'il y a de la partialité , de la
mauvaise foi à vouloir comparer les
forces du Peloponèse à deux époques
aussi essentiellement différentes. D'ail-

---

(1) M. Bryant récuse le témoignage des
anciens écrivains sur Mycène. Je discuterai ces
objections à leur tour; mais je prie le lecteur d'observer que les détails que je donne
ici sont tirés de Strabon , de Pausanias et de Diodore de Sicile.

leurs, nous n'avons ici parlé que du Péloponèse; et si nous voulons ajouter à la liste de ses forces navales l'état général de celles de la Grèce entière, nous trouverons que la flotte des Grecs à Artemisium était composée de deux cent soixante et cinq trirêmes, et que celle qui combattit à Salamine, se montait à trois cent soixante et huit vaisseaux de même grandeur. Ces armemens sont plus qu'égaux en forces maritimes, au rassemblement des transports sur lesquels s'embarqua l'armée d'Agamemnon; et quant à ce qui concerne le nombre d'hommes employés à cette expédition, je crois y avoir précédemment répondu.

Dans le paragraphe qui finit ce chapitre, M. Bryant, abandonnant le tableau de ces forces comparatives, présente une autre objection contre la possibilité de l'expédition des Grecs. « C'é-« tait long-tems, dit-il, avant que les « Grecs osassent traverser la mer Egée.»

Il cite Libanius (1), pour prouver que jamais ils ne s'avancèrent au-delà de Délos. Quel que puisse avoir été dans la suite, l'état de la Grèce, nous avons les plus fortes raisons de croire cette assertion fausse relativement au tems où Homère écrivait ; et dans le fait, comment supposer que cette nation fut si étrangère aux affaires maritimes, elle qui, bien long-tems avant l'expédition de Troye, avait abordé dans la Grèce et dans l'Asie sur les flottes tyriennes et égyptiennes ? Les premières liaisons qui existèrent entre l'Egypte et la Grèce, et auxquelles M. Bryant reporte toute la tradition sur l'histoire de l'Iliade, et même sur la famille d'Homère, prouvent suffisamment que

____

(1) Libanius était précepteur de Julien : ainsi son autorité sur l'état de l'ancienne Grèce mérite bien peu d'attention, si elle en mérite même aucune ; sur-tout lorsqu'elle est contredite par les anciens historiens.

la navigation d'Egypte, en passant par
l'île de Crète, était alors bien connue.
Or, cette navigation sur une mer étendue et orageuse, était soumise à beaucoup plus de dangers que celle du canal
qui séparait Troye et la Grèce, passage
qu'on pouvait traverser facilement de
côte en côte, ou d'île en île, leur éloignement l'une de l'autre n'étant pas
au-delà d'une journée de chemin. Antérieurement à l'Iliade, ne parle-t-on
pas aussi d'une expédition à Colchos?
Mais, sans avoir recours à des faits
douteux, qu'il me soit permis de
demander à M. Bryant, si le fait de
la navigation des Grecs à cette époque,
n'est pas assez prouvé par l'histoire
de ces tems. Diodore de Sicile nous
rend le compte suivant des cyclades (1)
et des puissances maritimes qui les
possédèrent dans les premiers siècles.

____

(1) Μεγαλας δυναμεις εχων πεζικας τε κỳ ναυτικας
εθαλαττοκρατει, etc. Diod. de Sic. liv. V, p. 399. ed.
Vesseling. fol. Amst. 1745.

« Minos, fils de Jupiter et d'Europe,
« régnant en Crète, et possédant de
« grandes forces navales et militaires,
« tint l'empire des mers et fonda plu-
« sieurs colonies hors de Crète ; il
« civilisa la plupart des îles cyclades,
« et les distribua au sort parmi les
« colons qu'il y envoya ; il contraignit
« aussi une grande partie de la côte
« d'Asie de se soumettre à son auto-
« rité : ce fut de là que plusieurs ports
« d'Asie et de Crète prirent le nom de
« *Minoæ*, qu'ils ont retenu pendant
« plusieurs siècles. Alors, il partagea
« l'autorité royale avec son frère
« Rhadamanthe, à cause de la trop
« grande étendue de ses états ; mais
« jaloux de l'influence qu'il acqué-
« rait, il le contraignit, dans la suite,
« à fuir en Crète, et à se retirer à l'ex-
« trémité de ses possessions coloniales.
« Là, il engagea Erythrus à bâtir la
« ville d'Erythrée, sur les côtes de
« l'Ionie, et donna la souveraineté de

« Chio à Œnopion , fils d'Ariadne.
« Tout cela , dit Diodore , eut lieu
« avant la guerre de Troye. Mais après
« cet événement, les Cariens (autre
« puissance maritime) firent la con-
« quête de Crète , exterminèrent une
« partie des habitans et subjuguèrent
« l'autre; jusqu'à ce qu'enfin les Grecs,
« devenus puissans , supplantèrent,
« à leur tour, les Cariens , et rentrè-
« rent dans la possession de leurs
« îles. » Ces dernières conquêtes des
Grecs sur les Cariens , eurent lieu
très-peu de tems après la guerre de
Troye, lors de l'émigration d'Ionie ,
dont on peut trouver des détails dans
le quatorzième livre de Strabon , et
de plus circonstanciés encore dans
le dix - septième de Pausanias. Ces
deux écrivains donnent toutes les
particularités relatives à l'établissement de ces colonies. Thucydide ,
écrivain plein de sagacité, cet ami
de la vérité (ce sont là les expres-

sions dont M. Bryant se sert à son
égard); Thucydide, dis-je, parle des
pirates Cariens et Phéniciens , ainsi
que de l'empire que Minos exerça
sur les mers (1). « Car , dit-il , dans
« ces tems-là, les insulaires Cariens
« et Phéniciens exerçaient constam-
« ment la piraterie. Mais lorsque
« Minos eut équipé une flotte, les mers
« devinrent plus libres : il chassa plu-
« sieurs des pirates , et fonda des co-
« lonies dans leurs villes. » Les Grecs
qui jusqu'alors avaient principalement
habité l'intérieur des terres , commen-
cèrent , dit Thucydide , à se rappro-
cher du bord de la mer : ils y bâtirent
des villes pour y faire leur commerce.
Les états de la Grèce prirent alors une
forme plus régulière. « Ainsi, continue
« l'écrivain que nous citons, étant de-
« venus puissans, ils firent dans la

____

(1) *Thucydide*, l. 1, ch. VIII.

« suite la guerre aux Troyens. » Homère
lui-même donne des détails très circonstanciés sur les Phéniciens ; et Hésiode,
dans ses ouvrages sur les tems où il
vivait, fait mention du grand commerce que l'on faisait alors par mer.
Une pareille masse d'autorités sera,
je pense , suffisante pour contre-ba-
lancer la citation du trop moderne
Libanius, dont M. Bryant voudrait
s'appuyer.

Non content de cette citation, M.
Bryant va chercher de nouvelles forces
dans le témoignage d'Hérodote. Cet
historien dit que, dans une guerre
contre la Perse, une flotte de l'Argolide et de Sparte refusa de cingler au-
delà de Délos (1). Nous observerons
que M. Bryant a sans doute eu ses
raisons pour passer sous silence une
partie de cette citation. Nous allons

____

(1) *Hérodote*, l. VIII, ch. CXXXII, p. 682.
M. Bryant, sur la guerre de Troye, p. 22.

la rétablir et la donner dans son entier au lecteur. Hérodote s'exprime ainsi : « Tout, au-delà, leur paraissait rempli « de dangers ; et comme ils connais- « saient peu ces parages, qui leur « semblaient recéler une foule d'en- « nemis, etc..... » Ce passage prouve que leur refus provenait de la crainte de rencontrer une flotte supérieure. Il faut observer aussi que, peu de tems après la guerre de Troye, la Grèce éprouva une cruelle révolu- tion : les trônes du Péloponèse furent renversés de fond en comble ; My- cène, Argos et Lacédémone subirent plusieurs changemens ; Athènes fut long-tems déchirée par des dissen- tions civiles ; les Ioniens, les Eoliens et les Doriens furent chassés de leur pays. Les lumières et la politesse de la Grèce, dont Homère fut tout-à-la-fois la preuve et le témoin , rétrogradèrent et dégénérèrent en barbarie jusqu'au siècle de Pisistrate , pendant lequel

on vit renaître les arts et les sciences ,
immédiatement auparavant la guerre
contre la Perse. Ajoutons à cela que
Lycurgue avait interdit la navigation
aux Spartiates , qui commandaient
alors la flotte grecque. Quelqu'ignorans qu'ils fussent devenus , conséquemment à cette défense , qui les
rendit étrangers à la marine , on
ne peut pas supposer que du tems
d'Agamemnon cette ignorance existât , lorsque la mer était couverte de
colons Phéniciens et Egyptiens , qui
devaient nécessairement emporter avec
eux toutes les connaissances maritimes
de leur mère patrie.

La conduite des Grecs à leur débarquement , fournit une autre objection
à M. Bryant. Mais malgré l'absurdité
qu'il aperçoit dans l'histoire d'Homère , j'avoue que dans toutes leurs
actions , avant , pendant et après leur
débarquement dans la Troade , je ne
vois rien qui ne soit très-probable et

strictement conforme à la tactique du
tems dont parle le poëte. Aussitôt que
les Grecs parurent devant Troye, on
se présenta pour s'opposer à leur attaque : ils éprouvèrent quelque perte,
mais cependant ils effectuèrent leur
descente et repoussèrent les ennemis
jusques dans la ville. Nous ne savons
que peu de chose sur ce qui suivit ce
premier avantage (1), puisque les écrits
d'Homère ne renferment les détails
que de quelques mois de la dixième
année. Nous savons seulement que

____

(1) J'aurai si souvent occasion de faire la
même réponse dans la suite aux objections
de M. Bryant, que je dois prévenir d'avance
le public que mon but est de prouver seulement la vérité en général de l'histoire d'Homère, non pas qu'il rapporte en détail toutes
les circonstances qui eurent lieu pendant la
guerre. Enfin je veux faire voir qu'à tout prendre,
l'Iliade est vraie, et qu'elle n'est pas, comme
M. Bryant voudrait nous le faire entendre, une
gazette troyenne.

l'armée grecque allait ravager les côtes de la Thrace, de l'Asie et des îles voisines, dans les momens où les opérations du siége étaient suspendues. Quelques-uns de ses chefs, et sur-tout Achille, parcoururent en vainqueurs les environs de Troye. Le pillage que procuraient les courses, presque toujours heureuses, servait à entretenir l'abondance dans le camp, et l'esprit militaire parmi les soldats : c'était l'appât des dépouilles ennemies qui retenait sous les drapeaux d'Agamemnon les différens peuples indépendans dont son armée était composée. Cette conduite d'Agamemnon était celle d'un général habile ; et il eût été très-impolitique d'en user autrement. L'investissement d'une place aussi bien fortifiée aurait ennuyé, fatigué, dégoûté des hommes qui s'embarrassaient fort peu que la guerre fût ou non terminée, pourvu qu'en la continuant ils y trouvassent personnellement leur profit. Le silence d'Homère, à cet égard, ne prouve point du tout que pendant un aussi long tems, il ne se soit fait aucune attaque sur la ville. Quelquefois les vaisseaux ravageaient les côtes voisines ; une autre fois, on faisait une incursion dans le pays. Le butin était apporté à Agamemnon, qui le partageait entre les chefs. Ces attaques affaiblissaient les puissances de la Phrygie, et leur objet était peut-être, en sus, de réduire la ville par famine. Il est possible qu'il se soit passé bien des choses dont la connaissance ne nous soit pas parvenue. Mais il ne sera pas facile de trouver dans Homère des preuves que l'armée grecque ait agi avec l'absurdité que M. Bryant lui prête, puisque Homère n'en parle point, ou du moins n'en dit que peu de chose pendant tout ce tems.

M. Bryant s'étonne « que l'armée « grecque, d'une force aussi considé- « rable, conduite par des héros d'une

« aussi grande renommée, ait passé
« neuf ans sans succès devant une
« ville que Patrocle eût pu prendre
« dans quelques heures, et qu'A-
« chille aurait un jour enlevé d'assaut,
« sans l'opposition d'Apollon qui la
« secourut. » On sera difficilement de
cet avis, si l'on réfléchit à la force
réelle de Troye, et aux difficultés que
présentait dans ces tems de barbarie,
l'assaut d'une ville fortifiée. Les ma-
chines de guerre propres à ces attaques
n'étaient point encore inventées, et
tout le monde comprendra sans peine
que les Troyens, inférieurs en nombre
aux Grecs, pouvaient bien n'être pas
capables de se présenter devant eux en
rase campagne, et pouvaient cependant
très - bien se défendre derrière leurs
murailles (1). Quant aux héros grecs, il

____

(1) Dans un siècle bien postérieur nous
voyons les Romains arrêtés dix ans devant Véies,
dont les forces ne pouvaient leur être opposées
en rase campagne.

est inutile de s'étendre beaucoup sur leur prétendue supériorité : ce serait faire injure à la sagacité du lecteur. Homère décèle, d'un bout à l'autre de son livre, la partialité nationale qui guida sa plume. Ses hyperboles exagérées, sur la force plus qu'humaine d'Achille et de Patrocle, sont certainement de grandes beautés poétiques ; mais à-coup-sur aussi l'auteur a voulu flatter l'orgueil et les préjugés de son pays. En effet, il nous apprend lui-même que, quelque étonnans prodiges qu'aient pu enfanter le courage et la valeur des Grecs, leurs efforts furent toujours trompés ; et Troye succomba enfin par un stratagême que le hasard couronna. Mais en voilà suffisamment sur cet article : nous avons quelque chose de plus curieux à dire dans le paragraphe suivant.

Suivant M. Bryant, « il n'y a point « d'exemple qu'une armée grecque ait « continué un siége pendant l'hiver,

« avant la guerre du Péloponèse ; et
« même à cette époque, les Lacédé-
« moniens se contentèrent de faire des
« courses dans l'Attique, et n'inves-
« tirent jamais Athènes. » Il est très-
vrai que dans ces siècles barbares,
c'était avec la plus grande difficulté
qu'on parvenait à retenir des armées
sous les drapeaux, pendant un siége en-
nuyeux ; mais nous avons déjà fait voir
que, dans cette circonstance, la guerre
ne se bornait pas au siége de Troye :
elle avait aussi pour objet d'attaquer
toute la Phrygie. Il est probable qu'à
leur débarquement, les Grecs s'atten-
daient à surprendre et enlever la place
par un coup de main. Ils ne réussirent
pas ; l'hiver arriva ; où pouvaient-ils
aller ? Les Thraces étaient leurs ennemis : ils ne pouvaient traverser de
nouveau la mer Egée ; il fallut donc
nécessairement camper. La difficulté
de se procurer des subsistances, dans
cette situation, rend raison des ra-

vages qu'ils exercèrent sur les villes
des côtes voisines qu'ils pillèrent ; et
en accordant que jamais avant la guerre
du Péloponèse, on n'eût songé à faire
une campagne d'hiver, je demande
comment on pourrait expliquer l'imagination prophétique d'Homère. Peut-
on, en effet, supposer qu'un poëte,
qui décrit avec tant d'exactitude et
de précision les usages et les coutumes
de son siècle, voulût sacrifier aussi
ouvertement toutes les probabilités à
une fiction ? Et comme Homère était
lui-même antérieur à l'époque de la
guerre du Péloponèse, il s'ensuit que
l'assertion de M. Bryant, pour vouloir
trop prouver, ne prouve rien du
tout.

Nous trouvons bien qu'il éclata de
grands mécontentemens dans l'armée,
mais c'est une conséquence imman-
quable d'un aussi long siége ; et il
paraît qu'on ne réussit à l'empêcher de
se disperser, qu'en piquant d'émulation

les soldats (1), en leur mettant sans cesse devant les yeux la honte d'une défaite, la perspective d'un immense butin, et l'espoir de la prompte reddition de la ville. A ces motifs, il faut encore joindre le désir bien naturel de ne pas abandonner un objet qui leur avait coûté jusqu'alors tant de peines : telle serait la conduite de tous les hommes en pareilles circonstances, et tel est le récit que nous fait Homère.

M. Bryant élève ensuite une autre difficulté ; il assure que « les vais-« seaux des Grecs, après avoir resté « dix ans à l'ancre, devaient être

____

(1) Dans le second livre d'Homère, on nous représente les Grecs comme étant sur le point d'abandonner le siége ; on ne les retint que par ces motifs que leur représentaient leurs chefs. *Voy.* les Harangues d'Ulysse, d'Agamemnon, de Nestor, etc... Iliade, ii et suiv.

« tout-à-fait hors de service (1). »
Agamemnon, qui parle du dépérissement de leurs agrès, avoue aussi qu'il
a perdu bien des hommes pendant le
siége. On ne parle point de renforts :
s'ensuit-il qu'il n'en ait pas reçu ? Ne
perdons pas de vue que l'Iliade ne
renferme qu'une période de quelques
mois ; ainsi, le silence d'Homère, à
cet égard, ne prouve littéralement
rien. Pour ce qui regarde le reste du
tems que le siége a, dit-on, duré (2),

(1) Cette objection porte toute entière sur le
dépérissement des vaisseaux grecs ; M. Bryant
soutient qu'alors ils étaient hors de service,
qu'ils ne pouvaient pas être réparés, et que
les Grecs ne pouvaient pas s'en servir pour
leur retour. Agamemnon, au contraire, assure
seulement qu'ils avaient souffert, et que leur
bois et leur agrès avaient dépéri, mais il les
emploie ensuite pour son retour. M. Bryant
peut - il prouver à Agamemnon qu'il a tort,
et qu'il ne les a pas réparés, pour les mettre en
état d'entreprendre le voyage de Grèce ?

(2) *Homere.* Il. l. ix, v. 325.

nous savons que les vaisseaux grecs
étaient constamment employés sur
toute la longueur de la côte. Tout ce
pays, et sur-tout le pied du mont
Ida (1), abonde en tout ce qui peut
être propre à réparer une flotte. Doit-
on supposer que ces vaisseaux ne furent jamais radoubés, parce qu'on n'en
parle pas dans le récit des opérations
des derniers mois de la dixième année,
tems où l'armée devait être plus particulièrement engagée dans les travaux d'un siége qui tirait à sa fin. A
l'époque dont parle Agamemnon, les
agrès de ses vaisseaux pouvaient avoir
besoin d'être réparés, et nous supposons qu'ils le furent avant de mettre à
la voile. M. Bryant nous fait, à la
fin de ce chapitre, une citation (2) de

____

(1) Les vaisseaux d'Enée étaient construits
des bois du Mont Ida. *Virgile.* Énéïd. l. III, v. 6.
l. XI, v. 80.

(2) On trouverait à peine un pareil détail
d'agrès et d'apparaux dans le papier de Lloyd,

laquelle il conclut que Ménélas dut monter les mêmes vaisseaux , huit ans encore après la prise de Troye. Homère dit : εν νηυσι , dans des vaisseaux. Mais qu'ils aient été réparés ou reconstruits , c'est sur quoi il garde le silence le plus profond. Il y a d'ailleurs en Angleterre quantité de bateaux qui ont fait un plus long service que les vaisseaux des Grecs. C'est

---

quoique ce soit un journal nautique. Est-ce qu'un poëme épique est une gazette en vers?

Odys. l. IV. Η γαρ πολλα παθων κỳ πολα επαλχθεις
Ηγαγομην εν νηυσι κỳ ογδοατω ετει ηλθον.

Je ne puis voir dans tout ce passage un seul mot qui prouve quels étaient les vaisseaux que possédait Ménélas , ou comment ils avaient été construits, ou combien de fois ils avaient été réparés ; tout ce qu'il dit, c'est qu'il apporta en Grèce ses richesses sur des vaisseaux , et à moins d'un voyage par terre bien extraordinaire , je ne vois pas comment il aurait pu les y apporter autrement.

encore du silence d'Homère qu'on veut conclure que l'armée n'a pas été recrutée. Cependant, nous lisons que Pyrrhus y amena dans la suite de puissans renforts. Et en admettant cette objection dans toute sa force, elle ne prouvera rien autre chose, sinon qu'avant la dixième année, l'armée était très-affaiblie. Cette conclusion s'accorde parfaitement avec l'histoire, puisqu'il est dit que les Grecs étaient si fort découragés, qu'ils furent souvent sur le point de lever le siége, et que Troye ne fut enfin vaincue que par un heureux stratagême. Examinons actuellement une autre objection (1) : elle est encore tirée du silence d'Homère. Nous ne voyons pas, il est vrai, qu'il soit fait mention d'une correspondance régulière avec la Grèce :

----

(1) Sur le peu de correspondance de la Grèce et de l'armée. *Bryant*, p. 27.

il faut l'attribuer aux circonstances des
tems ; mais parce qu'Homère n'en a
point parlé, il ne faut pas en conclure
qu'il n'y avait aucune communication.
Différens accidens pouvaient quelquefois les priver long-tems de nouvelles
de la Grèce ; et c'est pour cela qu'A-
chille (1) exprime son inquiétude au
sujet de ses amis absens, dont il ignore
le sort. Pénélope était séparée d'Ulysse
par un plus grand intervalle encore,
et le retour de ce roi dura dix ans : son
voyage est bien connu. Mais les mers
orageuses qui baignent les côtes du
midi du Péloponèse, mers qui furent
long - tems regardées comme dange-
reuses, même lorsque la navigation
fut perfectionnée ; la conduite des

____

(1) Il paraît qu'Achille avait des nouvelles de
Grèce, du moins si l'on en juge d'après son dis-
cours, cité par M. Bryant, p. 28, Ζωειν μαν ετι φασι
Μενετιον, etc. « On dit que Ménétius vit », etc.
Hom. Il. c. 16, v. 14.

femmes grecques pendant l'absence de leurs époux ; et les dissentions domestiques qui agitèrent les cours des rois, long-tems avant la dixième année de leur absence, expliquent suffisamment le peu d'activité de leurs correspondances.

On oppose encore à la guerre de Troye l'âge d'Hélène (1) à cette époque ; et l'on se fonde sur une chronologie appuyée par Scaliger, Pétau et Clément d'Alexandrie (2). Cepen-

---

(1) Conclusions tirées de l'âge d'Hélène. *Bryant*, p. 29.

(2) Les historiens les plus graves et les plus judicieux, ainsi que les autres écrivains de l'antiquité, ont, il est vrai, essayé, mais en vain, d'établir la chronologie de la prise de Troye. Quoique l'incertitude de ces premiers siècles soit suffisante pour rendre compte des difficultés que présente cette entreprise, cependant cette raison serait un motif bien extraordinaire pour refuser toute croyance à cet événement, dont l'existence est tellement reconnue, que les hommes les plus

dant, dit M. Bryant, je n'ai pas la
plus légère confiance dans cette chro-

---

sages ont essayé d'en déterminer l'époque. Outre
les écrivains dont nous faisons souvent mention
dans le cours de cet ouvrage, nous trouvons que
des gens de lettres ont fréquemment rapporté leurs
dates à cet événement. Eratosthène de Cyrène
fut invité par Ptolémée Evergète à se rendre
d'Athènes en Egypte, il y compléta en grec
une liste assez imparfaite des rois égyptiens. *Et
qui Thebanorum regum laterculi terminum ad
Trojæ* ἅλωσιν *posuit*, p. 3, v. 249. Messenius
Dicearque était disciple d'Aristote : *Ille egyp-
tiaca tempora tractavit Dicearchus ; etiam in
animo habuit ad excidium Ilii calculum ponere.*
Les marbres d'Arondel, dont M. J. Marsham
a défendu l'authenticité, nous donnent la date
du tems ἀφ' ὗ Τρώω ἥλω. Le chronographe de
Thrasylle, conservé par Clément d'Alexandrie, admet la prise de Troye, et la regarde
comme une époque. Les anciens écrivains,
ainsi que Clément d'Alexandrie, s'accordent
sur la vérité de ce trait d'histoire. *Clementina
stromata*, liv. 1, p. 335... *Sir John Marsham*,
pag. 295.

nologie : et en effet, dans son premier
chapitre, c'est aux olympiades qu'il
place les premières époques de toute
l'histoire grecque ; opinion qu'on ne
peut regarder comme conforme à
l'exacte chronologie, quoiqu'il soit
aisé de supposer le contraire. Par conséquent, toutes les inductions qu'on
pourrait tirer d'une pareille source,
ne sont pas admissibles, et l'objection
devient nulle. On nous a transmis sur
les siècles héroïques bien des détails
contradictoires, que les chronologistes
ont inutilement essayé d'accorder.
Mais rien n'approche de la régularité
d'Homère, dont les récits toujours
liés, toujours conséquens, renferment
à peine un des détails dont nous par-
lons ici. Cette difficulté ne porte aucune atteinte à l'existence de Troye,
qui reste démontrée autant qu'elle peut
l'être par l'autorité d'un aussi grand
poète.

(1) Homère ne parle nulle part de l'histoire de la ligue que formèrent les amans d'Hélène (2); et je crois qu'aucun auteur bien ancien n'en a parlé plus que lui : c'est une de ces fables entées par les siècles suivans, sur l'histoire d'un événement remarquable ; et si elle prouve quelque chose, c'est en faveur d'Homère, puisqu'elle constate qu'il existait sur ce sujet des

---

(1) M. Bryant prétend qu'Homère a connu l'histoire invraisemblable des amans d'Hélène. Il cite le vers suivant de l'Iliade :

Πῆ δὴ συνθεσίαι τε κỳ ὅρκια βήσεται ἡμῖν.

A quoi aboutiront nos engagemens et nos sermens ?
Hom. Il. l. II , v. 339.

Les scholiastes ont interprété ce vers comme faisant allusion à cet événement : mais je pense qu'il fait plus naturellement allusion à la ligue générale formée à Aulis, et non à aucune autre confédération antérieure.

(2) *Bryant*, p. 32 , sur les amans et les prétendans à la main d'Hélène.

traditions (1) qu'il a dédaigné de **nous**
transmettre. Par conséquent, le premier
fondement de cette histoire n'a pas pris
naissance dans son imagination. Le
reste de l'argument qui porte sur le
calcul chronologique de l'âge des
amans d'Hélène, est, par cette raison,
erroné, puisque j'ai déjà fait voir combien nous connaissions peu la chronologie de ces premiers âges.

(2) L'objection suivante de M. Bryant
se fonde sur la situation des Arcadiens,
dans l'intérieur du pays. Homère nous
dit bien qu'Agamemnon leur fournit
des vaisseaux; mais comme il ne nous
fait pas connaître ceux qui leur ensei-
gnèrent à ramer, à gouverner et à
manœuvrer leurs voiles, M. Bryant
conclut que personne ne le leur en-
seigna; et partant d'une conclusion

---

(1) *Voy.* pour quelques-unes de ces traditions, Pausanias, l. III, p. 262.

(2) *Bryant*, p. 34, sur les alliés d'Arcadie.

aussi juste, il trouve difficile d'expliquer comment ils vinrent à Troye. Il
convient, cependant, qu'ils eurent
dix ans pour s'y préparer. En même
tems, il cite un vers de l'Iliade, pour
prouver qu'ils ne pouvaient embarquer
de surnuméraires, parce qu'ils remplis-
saient eux-mêmes leurs vaisseaux (1).
J'ai déjà prévenu le lecteur de se
tenir en garde contre les citations de
M. Bryant. Je vais lui rendre le service de traduire ce vers : « Dans cha-
« que vaisseau on embarqua plusieurs
« Arcadiens au fait de la guerre. »
Cette citation ne peut prouver si les
Arcadiens avaient ou non d'autres
matelots sur leurs vaisseaux. Cependant, un lecteur qui ne ferait pas
grande attention, voyant un vers grec
si hardiment mis en avant, croirait

----

(1) . . . . . Πολεες δ'εν νηι εκαςη
. . Αρκαδες ανδρες εβαινον επιςαμενοι πολεμοιο . . . ; ;
Hom. Il. liv. II, v. 610.

3.   5

l'assertion de M. Bryant prouvée. Fallait-il donc une grande habileté dans la marine, pour manœuvrer d'aussi petits vaisseaux, dont les gréemens étaient si peu compliqués, et qui se conduisaient principalement à la rame? Et si les Arcadiens avaient si peu d'expérience avant cette époque, on peut supposer que les autres vaisseaux de l'armée leur avaient prêté quelques matelots. Cela paraîtra moins étonnant, si l'on réfléchit à la quantité de soldats que l'on embarque aujourd'hui sur nos vaisseaux, outre leurs équipages.

(1) Homère, bien certain que de son tems, il n'existait ni fossé ni rempart dans la plaine de Troye, explique comment cet ouvrage des Grecs fut détruit, et l'attribue aux dieux Jupiter, Neptune et Apollon. Jupiter, dit-il, fit

____

(1) *Bryant,* p. 35, sur le fossé et le retranchement.

pleuvoir sans cesse, tandis que Neptune et Apollon détournèrent le cours
de toutes les rivières du mont Ida,
et dirigèrent vers ces remparts leurs
eaux, gonflées peut-être par celles de
l'Hellespont et par les pluies abon-
dantes que fit tomber Jupiter. Elles
causèrent l'inondation qui détruisit
tout le camp. M. Bryant pense que
si jamais des remparts et des fossés
pareils avaient existé, le tems n'aurait pu les effacer. Il en conclut que ce
n'est qu'un artifice du poëte pour accorder son histoire avec l'état où était
la plaine, lorsqu'il la dépeignit. On
voit en Angleterre des fortifications et
des remparts construits de manière à
braver pendant plusieurs siècles les
efforts du tems. J'avoue qu'il y a de
ces ouvrages qui étonnent par leur
antiquité, et qui subsisteront encore
pendant nombre de siècles. Mais la
question est de savoir s'ils ne peuvent
jamais être détruits; car si je cite un

seul exemple d'un camp dont les anciens auteurs fassent mention , et qui ,
depuis ce tems , ait complètement dis-
paru , M. Bryant nous démontrera ,
s'il le peut , la raison pour laquelle
celui des Grecs n'aurait pas subi le
même sort.

Quoi qu'il en soit , examinons la
nature du camp des Grecs. Il était défendu par un mur et un fossé, entre lesquels il devait nécessairement y avoir
un assez grand espace , puisque les
Troyens , après avoir franchi le fossé ,
livrèrent un combat opiniâtre entre
ce mur et les vaisseaux des Grecs (1).
Nous allons aussi trouver des in-
dices suffisans pour en déterminer à-
peu-près les proportions. Lorsque les
Troyens arrivèrent au bord du fossé ,
ils s'arrêtèrent , dit le poëte ; « car il
« n'était pas facile de le franchir , et
« il était fort difficile de le traverser ,

____

(1) *Homère.* Iliade , l. XII , v. 53 et suiv.

« parce que les bords en étaient très-
« escarpés et la partie supérieure en
« était défendue par des palissades. »(1)
Mais nous trouvons qu'Hector néanmoins le franchit; et dans la suite,
Patrocle en fit autant. Il est donc clair
que le fossé, le rempart et les palissades étaient situés de manière qu'un
vigoureux sauteur pouvait les franchir. Ils étaient donc bien moins considérables que les ouvrages saxons,
dont les débris ont duré si long-tems
en Angleterre. Le même livre va nous
servir encore à trouver l'élévation du
mur. Il y est dit que Sarpedon s'en
approcha, « et saisissant un créneau
« de ses bras vigoureux, il le fit tom-
« ber, et cette chute occasionna une
« brèche dans la muraille. » La hauteur de cette muraille n'était donc que
de peu de chose au-dessus de celle d'un
homme ; et sa solidité n'était certaine-

____

(1). Il. xvi. v. 368. 380.

ment pas capable d'opposer une longue
résistance à la main destructive du
tems. Et dans le fait, nous ne pouvons
regarder ces ouvrages comme bien considérables, puisque les Grecs les cons-
truisirent dans un seul jour, pendant
l'absence d'Achille. J'ajouterai que
durant l'hiver, l'embouchure du Scamandre est si marécageuse, que cela
seul eût suffi pour détruire des ouvrages bien plus considérables. La manière dont cette destruction s'opéra
mérite quelques réflexions. Les divinités d'Homère détournèrent contre
ces remparts les eaux de plusieurs rivières qui coulent dans des directions
différentes. Toutes ces rivières se jettent
cependant dans la Propontide ou dans
l'Hellespont , au-dessus du promontoire de Rhétée ; et peut-être Homère a-t-il voulu dire qu'elles se réunirent au Scamandre pour former une
inondation à son embouchure. Dans
tous les cas, cette question ne peut

tendre qu'à définir la puissance des dieux d'Homère, et c'est une tâche pour laquelle je reconnais mon incapacité. Mais en supposant que l'histoire de ces remparts ne fût insérée ici que pour varier la monotonie des descriptions épiques des batailles de l'Iliade, et que ce fait fût aussi faux que M. Bryant veut le prouver (ce que je ne vois aucune raison de lui accorder si libéralement, autant que j'en puis juger), le fait historique de l'armement de la Grèce contre Troye, celui de la prise de cette ville, en un mot, le fond du sujet de ce poëme, n'en seraient pas moins avérés.

M. Bryant examine ensuite la situation de Troye et la description qu'Homère nous en donne. Comme j'en discuterai plus particulièrement là topographie dans la seconde partie de cet ouvrage, le lecteur y trouvera la réponse à ses objections sur ce sujet, ainsi qu'aux autres articles où il traite de l'état actuel et antérieur de tout le pays. J'examinerai ce qu'il a dit dans un autre livre où il attaque l'ouvrage de M. Lechevalier , et dans lequel toutes ces idées sont plus amplement détaillées. Quant à présent , je me bornerai à repousser les accusations que l'on intente à l'Iliade , accusations que l'on puise même dans la nature du trait d'histoire qui en fait le sujet. Jusques-là , je suspendrai toutes mes répliques topographiques , et ne les soumettrai au lecteur que lorsque je l'aurai préparé à en sentir la justesse.

M. Bryant , après avoir cru nous prouver complètement que toute l'histoire de la guerre de Troye est absolument une fiction , au moins comme elle nous a été transmise par Homère et par les autres auteurs grecs , se dispose à remplir les promesses qu'il fait dans sa préface (1) ; c'est-à-dire , qu'il

____

(1) *Bryant*, p. 6, préface de la dissertation sur la guerre de Troye.

bâtit un système à lui : mais comme
je n'ai point vu que ses efforts pour
renverser celui d'Homère, aient été
couronnés du succès, il ne doit pas espérer que je reconnaisse la solidité de
son moderne édifice, tandis que l'autre
est encore intact et inébranlable. Néanmoins, comme les fondemens du sien
paraissent déjà fort ébranlés, leurs
ruines pourront servir à réparer les
dommages que le tems a faits à son
vénérable original.

Avant d'annoncer ouvertement la
grande hypothèse (1) qui fait le sujet
de son livre (savoir, que l'histoire
de Troye était originaire d'Egypte)
M. Bryant applanit les difficultés,
et prépare le lecteur à recevoir cette
opinion, par une conjecture sur la
vie et les écrits d'Homère. En conséquence, il suppose que ce poëte était

____

(1) Conjectures sur les deux poëmes l'Iliade
et l'Odyssée, et sur leur auteur. *Bryant*, p. 53.

d'une famille grecque qui avait long-
tems résidé en Egypte, et qui était,
en quelque façon, alliée aux Egyptiens. Par une seconde émigration,
cette famille revint en Grèce et s'y
établit, apportant avec elle plusieurs
traditions et plusieurs rites du pays
d'où elle venait. Suivant lui, ces traditions furent la base de l'Iliade, ouvrage dans lequel le poëte a seulement
substitué des noms dérivés grecs à des
noms égyptiens. Il était, au surplus,
*grand voyageur, curieux, sensible,
morne et superstitieux* (1). Plusieurs
des histoires qu'il rapporte ont une
ressemblance immédiate avec les coutumes d'Egypte. M. Bryant finit son
chapitre par en donner plusieurs exemples.

Quelques passages prouvent certainement qu'Homère connaissait bien

____

(1) *Bryant*, p. 54.

l'Egypte ; mais on peut supposer que
ces passages étaient fondés sur des coutumes et des traditions qui en étaient
venues avant le tems où il vivait , et
qui s'étaient déjà naturalisées en Grèce.
Ses longs voyages pouvaient l'avoir
conduit en Egypte ; il est possible qu'il
y ait puisé la connaissance des mystères sacrés de ce peuple superstitieux ,
et qu'il en ait orné son ouvrage. Cependant , la vérité est que si l'on excepte
son génie, dont ses deux poëmes immor-
tels portent l'empreinte , tout ce que
nous savons de lui se borne à des conjectures (1) au-delà desquelles tout ce
que M. Bryant dit dans ce chapitre, au

---

(1) Ceux qui voudront se convaincre de
combien de manières diverses et contradictoires
on nous a parlé de la biographie d'Homère,
les retrouveront toutes réunies dans l'ingénieux
essai sur la vie et les écrits de ce poëte, attachée à la traduction de l'Iliade , par Pope.

sujet de la vie de ce grand homme, ne
peut être d'aucun poids ; et malgré son
érudition bien connue, son autorité
sur ce sujet n'est pas plus décisive que
celle de l'homme le plus ignorant.
Mais quand nous accorderions que la
famille d'Homère fût d'extraction égyptienne, qu'en conclure ? N'est-il pas
évident que les Grecs, originaires aussi
en grande partie d'Egypte, s'attachaient
à imiter strictement un peuple devenu
leur modèle, dont ils avaient emprunté
un grand nombre des articles de leur
propre religion, et dont ils avaient
retenu bien des coutumes, que l'oubli
fit disparaître dans la suite. Parmi ces
coutumes, il est probable que l'on
doit compter l'aversion pour le poisson, la déification des neuf Muses, et
peut-être le nom de pasteurs du peuple (1). Il n'est pas moins vraisem-

____

(1) « Le seigneur est mon pasteur. Prête
l'oreille, pasteur d'Israël! » Voilà les termes de

blable, que plusieurs de ces coutumes eussent passé en Grèce, lors de l'établissement des premières colonies égyptiennes; et peut-être Homère en a-t-il parlé sans faire attention à leur origine. Au surplus, dans quelques points de vue que nous envisagions ces histoires, nous n'y apercevrons que des ornemens dont le poëte a voulu parer son Iliade (1); et il nous paraîtrait plus aisé de supposer qu'elles sont venues

l'écriture sainte. La figure et le sens qu'ils renferment sont assez palpables pour s'être présentés naturellement à David et à Homère, sans recourir aux rois pasteurs d'Egypte... *Voyez* aussi Ezechiel, XXXIV. 23, et plusieurs autres passages de même nature.

(1) Je ne vois point du tout la nécessité de cette supposition, mais je la fais, pour offrir dans le plus grand avantage l'argument dont on se sert, et pour faire voir qu'il ne s'ensuit aucune conséquence, même en accordant le reste du syllogisme.

d'Egypte pour embellir un poëme grec, que de croire qu'elles fassent le seul fonds d'un ouvrage aussi compliqué.

(1) Plusieurs auteurs cités par Tatien et par Clément d'Alexandrie, croient qu'Homère était Egyptien. Ptolémée Ephestion, auteur cité par Photius, nous dit qu'une femme de Memphis, nommée *Phantasia*, composa avant Homère une Odyssée et un récit de la guerre de Troye. Il ajoute que ces livres furent déposés à Memphis, et qu'un scribe, nommé *Phanites*, en accorda une copie à Homère, d'après laquelle il composa ses poëmes. Les anciennes notions que nous avons sur cet auteur sont si incertaines et si contradictoires, qu'on ne peut faire aucune réponse satisfaisante à ceux qui veulent admettre les opinions obscures citées par Tatien et Clément d'Alexan-

______

(1) Toujours *Bryant*, p. 57, pour des détails sur les relations d'Homère avec l'Egypte.

drie. Je prie le lecteur qui désirerait des détails plus étendus sur ces contes invraisemblables, de me permettre de le renvoyer à la lecture d'un essai fort ingénieux, cité par M. Bryant, et qui sert de préface à la traduction d'Homère, par Pope. L'histoire de Ptolémée, ainsi que plusieurs autres de même nature, y sont traitées avec mépris, et l'auteur fait à cet égard une réflexion qui peut s'adapter ici. « C'est, « dit-il, une idée aussi étrange que « contradictoire, dans un homme qui « va déterrer les noms d'ouvrages obs- « curs, de vouloir nous persuader que « c'est dans leur source qu'on a puisé « le plus beau poëme de l'antiquité. « Un mendiant peut s'accommoder « des guenilles que le monde rejette, « mais il n'est pas possible de croire « qu'un monarque voulût s'en revê- « tir. » Voilà cependant les couleurs dont M. Bryant veut parer Homère. Mais puisque Ptolémée a si bien connu, dit-on, toutes les circonstances de ce plagiat, nous devons, sans réserve, nous en rapporter à son autorité, ou la rejeter entièrement comme une er- reur. Suivant lui, les écrits de la prê- tresse de Memphis se composaient d'une odyssée et d'un récit de la guerre d'Ilion. Quel étonnant pouvoir éty- mologique peut avoir transporté dans la langue égyptienne des noms grecs, tels que Ilion et Odysseys ! Nous sommes forcés de conclure que si l'é- gyptienne Phantasia a écrit, ce ne peut être que sur une histoire grecque. L'im- partialité de cette conclusion suffit seule pour ôter toute confiance au récit de Ptolémée.

Il n'y a point de dictionnaire qui ne nous apprenne que Phantasia φαντασια est un mot grec dérivé de φαίνω. Mais M. Bryant, sondant toute la profon- deur de la science étymologique, trouve que le mot *hant* ou *hont* signifie un prêtre : en y ajoutant la particule il en fait φαντ. Il suppose que de ce nom générique de prêtresse, les Grecs ont fait le nom individuel de Phantasia, ou probablement Phant-Isis : et c'est sur la foi d'une pareille étymologie qu'il établit son systême. Si le lecteur est assez enthousiaste des étymologies pour apercevoir un rapport immédiat entre Phantasia et Phant-Isis, tout raisonnement ultérieur devient inutile ; je ne puis que lui rappeler qu'il n'y a point sur la terre de langue qui n'en fournisse de pareilles, également propres à appuyer toutes les absurdités que l'esprit humain peut inventer (1).

On a fait ensuite mention d'une Daphné de Thèbes, auteur dont parle Diodore de Sicile ; et l'on nous dit qu'elle fournit à Homère une grande partie de son histoire. « Par Thèbes,

----

(1) *Voy*. Swift sur l'antiquité de la langue anglaise. « *Si parva liceat comparare magnis* ».

« dit-on, on n'entendait pas la Thèbes
« en Béotie, mais celle d'Egypte, la
« Thèbes aux cent portes Θηβαι Αιγυπτιοι
« εκατομπολοι (1). » Le passage même de
Diodore de Sicile, sur lequel on s'appuie, dément entièrement cette assertion. Le voici : « Les Epigones (2), après
« avoir pillé la ville de Thèbes, consa-
« crèrent la fille de Tirésias (Daphné)✱
« au culte des autels, et la firent prê-
« tresse à Delphes. Le génie de cette
« fille était extraordinaire, et elle tra-
« vaillait avec un merveilleux succès
« à mettre en vers les oracles que l'on
« devait prononcer. Elle fournit à
« Homère bien des vers dont il orna

----

(1) Je ne vois point la raison pour laquelle
on donne ici ce court passage grec, à moins
qu'on ne veuille insinuer qu'il faisait partie du
texte de Diodore; au moins telle est l'impression
qu'il doit produire sur un lecteur peu sûr ses
gardes.

(2) *Diodore de Sicile*, l. IV, p. 269.

✱ ou Manto, plus connue sous ce
nom ci que sous celui de Daphné —
elle devoit être morte quand
Homère parut dans le monde.

« ses ouvrages. » Il est probable qu'Homère fit usage, dans son poëme, de quelques beaux passages, et d'expressions poétiques qu'il y avait recueillies ; mais il n'est pas aussi facile de croire que les oracles versifiés de la Pythonisse fussent des originaux dont l'Iliade et l'Odyssée ne seraient que les copies : ils ne seraient pas même ceux de la bataille des grenouilles et des rats. Mais, dans tous les cas, quel rapport y a-t-il entre Daphné et l'Egypte ? On trouve bien, il est vrai, une Thèbes en ce pays ; mais par quel étonnant effort étymologique parviendrait-on à transporter Tirésias, les Epigones et Delphes, et à les établir tout-d'un-coup sur les bords du Nil ? Nous pouvons donc, avec quelque raison, douter de l'apparente indifférence et de la bonne foi dont M. Bryant se pare à ce sujet, parce qu'il ne pouvait ignorer ni le texte, ni le sens du passage dont il a voulu s'appuyer. Au

lieu de proclamer sa neutralité, il
devait au contraire s'avouer pour le
champion ingénieux et résolu d'une
hypothèse favorite, et se reconnaître
hardiment dans les paroles du poëte.

Flectere si nequeo Superos, Acheronta movebo.

L'autorité qu'on réclame ensuite est
une épitaphe de l'antologie grecque.
Elle nous assure qu'Homère était natif
de Thèbes, en Egypte; mais les traditions que nous avons sur sa naissance
sont contredites par tant d'histoires différentes, qu'elles ne peuvent prouver
autre chose, sinon l'ignorance complète des anciens à son égard. « Stra-
« bon, dit M. Bryant, et Démétrius
« de Scepsis *cherchèrent tous les deux*
« les vestiges de la ville de Troye en
« Phrygie, et ne purent les trouver. »
Il est vrai que Strabon (1) raconte ce

---

(1) Si le lecteur désire connaître lès raisons
qui me font supposer que Strabon n'alla jamais

qu'il a entendu dire à Démétrius de Scepsis; mais il y a de bonnes raisons pour croire que ce géographe n'alla jamais dans la Troade.

Quoi qu'il en soit, et malgré le mauvais succès de ses prétendues recherches, Strabon était si persuadé de la véracité d'Homère, qu'il cite par-tout son autorité, au point qu'une grande partie de son livre n'est guère qu'un commentaire de ce poëte. « Cependant, dit M. Bryant, il trouva « une Troye en Egypte (1), à quelques

---

dans la Troade il les trouvera détaillées dans la seconde partie de cet ouvrage.

(1) Le nom de Troye trouvé en Egypte, n'est pas plus une preuve de sa non-existence en Phrygie, que les noms de Thèbes et de Babylone d'Egypte ne prouvent la non-existence des capitales de la Béotie et de l'Assyrie. Mais d'ailleurs Ilium, Ida, Dardania, Gargara, n'ont malheureusement pour M. Bryant, aucune ville analogue sur les bords du Nil.

« milles au dessous de Memphis ; et il
« nous donne une description très-
« exacte de sa situation. » Nous exa-
minerons bientôt la justesse de la conclusion que M. Bryant s'efforce de tirer
de cette circonstance. Je désirerais en
même tems fixer l'attention du lecteur
sur la manière dont il a embelli cette
intéressante découverte. Il cite le passage de Strabon (1); et dans la traduction qu'il nous en donne, il débute par
appeler Troye une ville, tandis que
l'original en fait un village Κωμη (2).
Dans la page suivante, c'est une cité
en Arabie; il le prouve par un passage
d'Etienne. On observera qu'il ne donne
point de traduction de cette dernière
citation ; mais dans le fait, elle ne
peut avoir une signification semblable.
Etienne dit : « Il y a aussi une Troye

____

(1) *Strabon*, l. XVII, p. 1162. Cependant
Strabon n'a trouvé ni Ilium, ni Ida en Egypte.
(2) *Bryant*, p. 60.

« en Égypte (1); » et certainement une pareille phrase ne prouve ni la grandeur, ni la situation de cette ville. Dans la page suivante, il glisse légèrement sur un passage de Diodore à ce sujet, et amplifie la puissance de cette ville imaginaire, dont il fait la clef de l'Egypte vers l'orient. Il finit par assurer qu'elle n'est autre chose que la forteresse de Babylone; quoique Strabon *commette*, dit-il, *l'erreur* d'en parler comme de deux villes différentes, contradiction apparente de Strabon, qu'il ne combat par aucune autorité contraire, ou par aucun raisonnement vraisemblable (2).

Il faut observer qu'ici M. Bryant a pour but de prouver que la Troye égyptienne était trop considérable pour avoir été fondée, comme le dit

____

(1) Εςι κ̀ της Αιγυπτȣ Τροια. *Bryant*, pag. 61 et 62.

(2) *Bryant*, p. 62 et 63.

Strabon, par des captifs troyens transportés là par Ménélas. « Car, dit-il,
« qui pourra croire que des captifs
« troyens aient bâti une ville en
« Arabie, ou qu'ils y aient fondé une
« colonie ? » Mais si cette Troye n'é-
tait qu'un village, et si nous four-
nissons d'autres exemples de villes
fondées par des captifs, l'objection ne
sera-t-elle pas résolue ? Retournons
donc encore une fois à Diodore (1),
et nous trouverons les détails suivans
sur la Babylone d'Egypte, dans la
phrase qui précède celle que M. Bryant
a citée. « Quelques-uns des captifs égyp-
« tiens pris dans Babylone, ne pou-
« vant (2) supporter l'oppression et la

____

(1) *Diodore de Sicile*, l. I, p. 52.

(2) On trouvera une Babylone en Egypte ; la
Babylone d'Asie est aujourd'hui tout aussi effacée de la surface de la terre, que la Troye de
Phrygie. Faut-il en conclure qu'elle était aussi
imaginaire. M. Bryant est forcé de le penser
s'il veut être conséquent.

« fatigue des travaux publics auxquels
« ils étaient condamnés, se révoltè-
« rent contre le gouvernement. Ils
« s'emparèrent d'un château fortifié
« près de la rivière ; ils y firent la
« guerre aux Egyptiens, et ravagèrent
« le pays adjacent. Mais enfin, ils
« obtinrent une amnistie, et formè-
« rent une colonie à laquelle ils don-
« nèrent le nom de Babylone, en
« mémoire de leur pays natal. » C'est,
dit-on, à une cause semblable que
cette ville de Troye, bâtie sur les
bords du Nil, dut et son origine et
son nom. « Car Ménélas, revenant
« d'Ilium avec beaucoup d'esclaves,
« fut contraint d'aborder en Egypte.
« Les Troyens s'y révoltèrent contre
« lui, saisirent un certain poste, et
« combattirent dans ce lieu, jusqu'à
« ce qu'ayant assuré leur liberté, ils
« y fondèrent une ville à laquelle ils
« donnèrent le nom de leur pays. »
On voit donc, par ce passage curieux,

que Diodore confirme en tout le témoignage de Strabon ; que Babylone
n'était, sous aucun rapport, la même
ville que Troye, et qu'elle est elle-
même la preuve d'une ville considérable fondée dans les mêmes circonstances. Mais y en a-t-il jamais eu
d'autres bâties par des fugitifs? Car-
thage, la grande Grèce, l'Ionie, l'Eolie
et la Dorie sont-elles aussi également
fabuleuses? Certainement, ceux qui ne
sont pas assez attachés à un système au
point de se refuser à des faits positifs,
doivent convenir que l'histoire de Strabon est au moins plus vraisemblable
que celle de M. Bryant, puisque d'autres
écrivains respectables l'ont appuyée de
leur témoignage. Tout se borne donc à
dire, qu'au tems de Strabon, il y avait
en Egypte un village nommé Troye, que
Diodore suppose avoir été plus considérable dans des tems antérieurs, et
que ces deux géographes s'accordent à
nous apprendre qu'il fut bâti par des

captifs troyens, conduits par Ménélas dans cette partie de l'Egypte. L'existence de ce village fournit à M. Bryant une autre conjecture très-singulière à l'appui de son hypothèse.

(1) M. Bryant s'imagine (2) que cette ville fut l'origine des guerres sanglantes, et l'objet de nombreuses contestations. J'ai déjà répondu, en partie, à celles de ces conjectures qui portent sur l'antiquité et la force de cette citadelle égyptienne; mais Memnon, prince Ethiopien, arrive au secours de Troye assiégée, circonstance assez extraordinaire, en choisissant la Phrygie pour le théâtre de la guerre, et très-probable si on le place en Egypte. M. Bryant observe que la partie supérieure de

____

(1) *Bryant*, p. 62, sur la guerre de Troye en Egypte, et sur Memnon l'Ethiopien.

(2) *Bryant*, p. 62. M. Bryant *imagine*, c'est son expression. Quelle faible base que l'imagination, pour un édifice si gigantesque, et si hardi!

l'Egypte se nommait plus particulièrement Ethiopie : il y a cependant plusieurs autres peuples appelés Ethio-
piens. Diodore lui-même en distingue
quatre. Il donne sur leur existence des
détails très-circonstanciés. Homère les
décrit, comme des peuples qui habi-
taient à l'orient et à l'occident, les
deux extrémités opposées du monde ;
et Diodore va nous mettre à même de
déterminer duquel de ces deux pays
vint Memnon, ce qu'on suppose qu'il
était, et quelles étaient ses liaisons
avec les Troyens. « Tithon, frère de
« Priam, s'avança vers l'orient à la
« tête d'une armée ; il traversa l'Asie
« jusqu'à l'Ethiopie. Voilà d'où vient
« l'histoire de Memnon, son fils et
« celui de l'Aurore. Ce Memnon fut tué
« dans la suite par Achille, pendant le
« siége de Troye, où il servait comme
« auxiliaire (1). » On remarquera que

_____

(1) *Diodore*, l. IV, p. 319.

ce Memnon, fils de l'Aurore, vint des provinces de l'orient, circonstance qui s'adapte mieux à l'idée de l'Aurore, que la conjecture qui le fait venir des sables du midi de l'Egypte. Ses relations avec la ville phrygienne, sont suffisamment expliquées, puisqu'il était fils de Tithon, et peut-être d'une mère éthiopienne. Mais il serait plus difficile à M. Bryant de faire quadrer cette histoire avec la supposition que la guerre de Troye se soit faite en Égypte, parce que ce pays est au moins tout aussi éloigné que la Phrygie de la résidence orientale de Memnon et de Tithon ; et il est plus aisé de penser que le premier vint du Levant au secours de Troye et de Priam, dont il était le neveu, que de le reporter, lui, ainsi que tous les autres héros de la Grèce et de l'Asie, dans le pays éloigné où M. Bryant suppose que cette histoire a pris naissance. Si nous ne pouvons supposer que Memnon voyagea d'E-

thyopie en Phrygie, pourquoi croi-
rions-nous que tous les autres peuples
auxiliaires de Troye ont passé d'Asie
en Egypte? Mais si M. Bryant nie le
fait, s'il ne veut voir la source de
toute cette histoire que dans l'imagination d'Homère, il avouera que celle
de Memnon est également fabuleuse ;
et dans ce cas, le reste de l'histoire
peut être admis, même d'après ses
idées. Mais le passage relatif à Tithon,
et que j'ai extrait de Diodore, prouve
que ce fait historique n'est pas constaté
par l'autorité seule d'Homère, et le
justifie de toute accusation d'inconséquence, pour nous avoir transmis une
tradition qui probablement était accré-
ditée dans ces premiers âges.

Dans le chapitre suivant (1), M.
Bryant débute par récapituler quel-

____

(1) Ancienne tradition sur la guerre de
Troye. *Bryant*, p. 64.

ques-uns des raisonnemens que nous avons déjà examinés ; il répète surtout qu'avant l'Iliade et l'Odyssée, il existait des traditions et des écrits sur la guerre de Troye. Il observe que les historiens diffèrent extrêmement entr'eux sur l'époque de la naissance d'Homère ; et il conclut de là, que ce poëte n'est pas d'une antiquité aussi reculée que celle qu'on lui attribue. Les écrivains qui ont déterminé l'époque supposée de Troye, le font ensuite paraître à différens intervalles, suivant leur caprice ou leurs connaissances imparfaites : ainsi les uns fixent à quatre - vingts ans, les autres à cinq cents, le tems qui s'est écoulé entre lui et la prise de cette ville. Ils varient donc tous beaucoup sur le tems où parut Homère ; et ils ne sont pas plus d'accord sur le lieu de sa naissance. J'observerai cependant que cette incertitude extrême sur le siècle d'Homère, s'op-

pose à ce que l'on puisse prouver que
d'autres écrivains aient vraiment traité
le même sujet avant lui ; puisqu'on
ignore exactement quand il existait.
Il est heureux que ses poëmes nous
soient parvenus, et qu'ils deviennent
pour nous des témoignages de la réalité
de son existence passée ; car autrement
l'incohérence des histoires qu'on a
débitées sur lui, aurait probablement porté M. Bryant à vouloir nous
persuader, par une similitude de raisonnemens, que le poëte et sa ville de
Troye étaient également une fiction
de l'antiquité.

Cependant M. Bryant persiste dans
son opinion, et prétend que, quelle
que soit l'époque où Homère ait vécu,
d'autres personnes ont écrit avant lui
sur le même sujet. Il cite encore Daphné de Thèbes nommée la *Sibylle*,
et Phantasia de Memphis ; mais Daphné était de Thèbes en Béotie, et n'a
point du tout écrit sur cette matière.

Diodore, le seul auteur qui nous la fasse connaître, et dont M. Bryant réclame le témoignage, nous informe qu'elle mettait en vers les oracles de Delphes, et qu'elle y déployait un génie étonnant. Il ajoute qu'Homère y puisa beaucoup de vers (1) qu'il inséra depuis dans ses ouvrages. Un poëte peut prendre des mots, même des vers, sans cependant écrire sur le même sujet que l'auteur dont il se rend le plagiaire ; et nous ne pouvons admettre la supposition que les oracles vérsifiés de la Pythonisse d'Apollon, aient été les fondemens sur lesquels Homère a élevé son édifice épique : ainsi cette Daphné n'était ni Egyptienne, ni poëte épique. Phantasia de Memphis paraît, autant qu'on en

____

(1) Ce qu'on nous dit ici sur Daphné et Phantasia n'est qu'une répétition de ce qu'on a déjà dit. À la même question, je n'ai que la même réponse à opposer.

3.

peut juger par son nom, avoir peu
de prétention à une extraction égyptienne. Elle écrivit une Iliade et une
Odyssée, et certainement ni Ulysse,
ni Ilium ne peuvent appartenir à l'E-
gypte. Les autres auteurs qui ont écrit
avant Homère sur la guerre de Troye,
sont : Sisiphus de Cos, Syagrius, et une
femme nommée Hélène. Le premier
est un auteur dont Tzetzès et Johan
Malala font mention ; le second nous
est nommé par Elien (1) ; et nous connaissons la femme par les écrits de

------

(1) En parlant de ce Syagrius, Elien dit :
Ὃς λεγεται τον τρωικον πολεμον πρωτος ασαι; et
M. Bryant écrit : Ὃς πρωτος τον τρωικον ησε πολεμον :
ce qui rend Elien responsable d'une assertion que
l'auteur lui-même n'avance que comme une tradition générale. Le lecteur peut avoir déjà observé quelques échantillons de cette manière de
citer, assez ordinaire à M. Bryant, qui, je suis
fâché de le remarquer, n'est pas du tout loyale.

Ptolémée Ephestion , cité par Photius.
Mais l'existence même de ces écrivains
est très-douteuse : nous ne savons ni
le tems où ils vivaient, ni le lieu de
la Grèce où ils écrivaient ; comment
pouvons-nous donc déterminer leur
priorité sur Homère ? Elien (1) , Ptolémée et Photius , doivent - ils par
leur témoignage seul, et sans autre
autorité , décider une question qui
nous reporte jusqu'à une haute antiquité ? Mais quand nous passerions
condamnation sur cet article , à quoi
cela pourrait-il servir à M. Bryant ?
Un de ces auteurs a - t - il parlé de la
guerre de Troye en Egypte ? ou quelques-uns de ces critiques, de ces gram-

____

(1) Si nous reconnaissons l'existence de ces
auteurs, Homère va s'appuyer sur de grandes
autorités ; car ils étaient plus anciens que lui, et
l'intervalle entre les événemens de Troye et
l'Iliade , est par eux rempli de mémoires authentiques.

mairiens qui nous ont transmis leurs
noms et leurs productions , nous ont-
ils dit , dans leurs écrits obscurs, qu'en
effet ces auteurs en eussent parlé ?
Non , s'ils ont écrit, leurs ouvrages
confirment ceux d'Homère et s'accordent avec eux , ou du moins nous devons le croire , jusqu'à ce que M.
Bryant prenne la peine de puiser dans
son magasin de littérature secrète , un
passage au moins de quelque ancien auteur , qui nous indique que l'Egypte
fut le théâtre de la guerre de Troye.

Jusque-là nous devons supposer que
les auteurs grecs, antérieurs à Homère,
écrivirent un trait d'histoire grecque ;
et ce qu'il y a de plus extraordinaire,
c'est que cette Phantasia de Memphis
célébra la guerre d'Ilium et les travaux
d'Ulysse , absurdité qui devient dix
fois plus forte en transférant la scène
en Egypte ; de même que Syagrius,
Sisyphus, Hélène et Homère seraient
également absurdes en célébrant une

action totalement étrangère à leur pays. Ainsi en admettant l'antiquité et l'existence réelle de tous ces auteurs, l'histoire de la guerre de Phrygie en acquiert plus d'autorité. Ces écrivains nous fournissent des témoignages encore plus forts que celui d'Homère, puisqu'ils sont plus anciens et qu'ils coïncident avec lui; je laisse au lecteur à en tirer la conclusion.

M. Bryant dit ensuite : « Il est ma-« nifeste qu'Homère (1) a emprunté « l'historique de ses poëmes; mais à « quel auteur en est-il redevable ? cela « n'est pas aussi évident ». Si je sou-tiens la vérité historique du sujet de l'Iliade, je suis loin de vouloir prouver qu'Homère en fut l'inventeur. Bien des auteurs dont nous devons les écrits à différentes circonstances, en rapportant ces détails, se trouvent

____

(1) Sur les diverses traditions qu'on nous a transmises. *Bryant*, p. 66.

contredire ceux qu'Homère nous a laissés. A la liste de ces écrivains que nous donne M. Bryant, on pourrait en ajouter une bien plus considérable encore ; et si l'on trouve dans Hérodote (1) des passages sur la Troye d'Egypte , on en trouve pareillement sur celle de Phrygie. Parmi tous ces témoignages contradictoires tirés du même auteur, j'oserais prier M.Bryant de nous citer , même dans tous ceux qui sont relatifs à son systême favori , un seul passage qui puisse prouver qu'Ilium n'était pas en Phrygie , ou que Troye d'Egypte soit l'Ilium d'Homère (2). Ne suffit-il pas du sens com-

---

(1) *Hérodote* , l. 1 , p. 3.

(2) Il paraîtrait que je tire la même conclusion de deux propositions contraires , parce que je prétends que le résultat de l'incohérence des anciennes traditions est le même que celui de l'accord parfait du poëme d'Homère. Pour éviter une pareille objection , je prierai le lecteur d'ob-

mun pour nous en faire conclure, que les articles sur lesquels ces contradictions diverses s'accordent, sont des faits incontestables ; et que ceux sur lesquels elles diffèrent sont les preuves les plus fortes que leurs auteurs, au lieu de se copier les uns les autres, ont consulté le témoignage (indirect peut-être, mais décisif) de l'opinion générale de leur tems? Cette manière

---

server que lorsqu'un auteur se contredit lui-même, il détruit son propre témoignage ; mais l'effet contraire arrive , lorsque deux personnes rapportent la même histoire en variant sur les détails , parce que cela prouve qu'elles l'ont prise dans des sources différentes , quoique le fond soit le même, et s'appuient réciproquement davantage que si elles paraissaient s'être copiées l'une sur l'autre. Cette manière de raisonner est diamétralement opposée à celle de M. Bryant, qui refuse de croire aux anciennes traditions , parce qu'elles ne s'accordent pas , et qui ne voit qu'une preuve de fausseté dans l'accord constant d'Homère avec lui-même.

de raisonner n'est point étrangère à
M. Bryant ; il s'en est servi pour prouver l'authenticité du déluge, suivant
Moïse. Après l'avoir très-ingénieusement suivi dans diverses histoires de
différentes nations sur les traditions
desquelles il appuie ses preuves, comment peut-il résister à la conclusion
que nous venons de tirer? Les relations de la guerre de Troye ne sont
certainement pas plus opposées entre elles que celles du déluge ; leur
variété prouve combien l'opinion générale était en leur faveur, et cette
généralité de témoignages en prouve
la vérité.

Voyons donc quels sont les auteurs
dont les traditions lui inspirent une
aussi grande confiance. Dans Eusèbe
(*apud Scaligerum*), dans Ptolémée
Ephestion (*apud Photium*), les commentaires d'Appollonius, Philostrate,
Tzetzès, Antoninus Liberalis, Hygi-
nus ; et dans les poëtes Lucrèce,

Properce, Euripide, enfin dans Ovide, on trouve diverses anecdotes sur Achille et sur Iphigénie, racontées de plusieurs manières différentes. L'obscurité et la licence poétique sont les caractères de cette liste d'auteurs, dont quelques-uns sont bien modernes relativement aux autres. L'opinion la plus généralement reçue, ou du moins celle qui est devenue la plus commune puisque Virgile et Ovide (1) l'ont adoptée dans leurs écrits, affirme qu'Astianax fut tué à Troye, et qu'Ascagne s'enfuit en Italie avec son père : mais d'autres écrivains assurent que ces faits sont entièrement faux. Il paraît que

---

(1) Je sais que la mort d'Astianax est antérieurement rapportée par Euripide : néanmoins Homère ne dit pas quel fut son sort ; il ne nomme que la postérité d'Enée qui succéda au gouvernement. Il n'est donc contredit par aucun écrivain moderne, et il confirme la tradition des Scepsiens. *Eurip.* Troade.

+ *autrement*

Strabon (1) a recueilli l'opinion des habitans de Scepsis, qui prétendaient descendre de ces mêmes personnages. Leur postérité, disaient-ils, y avait régné long-tems. Cette opinion est appuyée du témoignage d'Homère. Ce poëte dit que la famille d'Enée régnerait par succession sur les Troyens. Pourquoi donc, dit M. Bryant, cette histoire ne serait-elle pas aussi vraie que l'autre? Pourquoi? Voilà la question. Mais puisqu'elle porte autant de marques d'authenticité, puisque les Scepsiens avaient une pareille tradition, puisqu'ils vivaient dans le pays, et si près du lieu même où l'action se passa; puisque la prophétie d'Homère ne peut être regardée que comme le récit de ce qui s'est passé après la chute de Troye, leur coïncidence mérite la plus grande attention. Elle

____

(1) *Strabon*, l. XIII, p. 607. *Homère*, Il. 20, v. 306.

confirme ce que dit Homère , et met M. Bryant dans la désagréable nécessité de transporter sur le bord du Nil , non seulement Troye (1) , mais encore Cebrenia , Scepsis et l'Ida. Il existait aussi dans le voisinage de Scepsis , une ville qui portait le nom d'Enée ; cette ville existe encore aujourd'hui sous le même nom : chaque circonstance de cette histoire , en réfutant les relations amplifiées et embellies des écrivains plus modernes , ajoute des preuves nouvelles à l'histoire simple d'Homère , dont le fond dépouillé de tous les ornemens produits par le génie du poëte , et même sans égard à l'appui de toutes ces circonstances , porte les signes les plus certains d'une vérité historique.

Mais, suivant M. Bryant : « Plusieurs « de ces variantes sur l'histoire exis-

(2) *Strabon* , l. XIII , p. 6o3.

« taient avant Homère, puisque, dans
« son opinion, l'excellence de ce poëte
« est telle, que dans le cas contraire,
« elle eût dû les prévenir entièrement,
« les empêcher de paraître ». Il est
plus que probable qu'il y avait du tems
d'Homère, des traditions contempo-
raines, ou plus anciennes, différentes
de celles qu'il a suivies. Mais même
en accordant ce fait, je ne vois pas
quelle conclusion on en pourrait tirer
en faveur de M. Bryant, puisque toutes
ces variations dans l'histoire, n'ont
pas réussi à transporter Ilium de
Phrygie à Troye en Egypte, et qu'elles
n'ont pas même différé essentiellement
du canevas historique d'Homère. J'a-
vouerai cependant que je suis disposé à
croire que toutes ces histoires si sin-
gulières ont seulement pour origine
l'imagination des poëtes qui parurent
après Homère, et qui venaient d'exal-
ter les chants divins de cet homme
inimitable.

Mais M. Bryant voudrait attribuer l'altération éprouvée par ces opinions, aux pays successifs qu'il leur fait parcourir : il les tire d'Egypte et les sui t dans leurs différentes courses parmi les peuples de cet âge. A l'entendre, les Grecs auraient substitué des noms pris dans leur langue aux termes égyptiens, ou du moins (ce qu'il accorde, ne pouvant faire mieux) il suppose à ces peuples la fantaisie singulière de les helléniser ; mais cela même expliquerait - il encore les différences dont il vient d'être question ? Et en accordant que ce fût (1) une difficulté, M. Bryant dirait - il encore que son

---

(1) Je prie le lecteur d'observer que je ne l'accorde que pour faire voir combien l'objection de M. Bryant est faible, même en raisonnant dans son sens ; puisque loin de penser qu'une pareille incohérence décrédite les diverses relations, je les regarde au contraire comme le plus grand signe de vérité, lorsque le fond reste le même. *Voy.* la note, p. 42 du texte.

systême la résout. Si nous adoptions
cette supposition, nous dirions : Des
colonies d'Egypte ont apporté à différens tems, des traditions contradictoires relatives à une guerre de ce pays;
ces traditions ont revêtu un nouveau
costume en Grèce, elles y ont pris
des noms grecs, et peu-à-peu elles se
sont adaptées à un événement qui
réellement a eu lieu en Phrygie, dans
la plaine d'Ilium ; et Ilium a reçu le
nouveau nom de Troye d'une ville qui
portait ce nom en Egypte, à laquelle
il faut encore rapporter toute l'histoire.
Voilà l'hypothèse de M. Bryant : mais
il est assez singulier qu'aucune de ces
traditions, quelque contradictoires
qu'elles soient, ne puissent s'adapter
à un autre pays que la Phrygie. Et je
le demande, comment se ferait-il que
cette histoire fût tellement analogue
à Ilium de Phrygie, qu'elle ne pût se
rapporter parfaitement qu'à cette ville,
si elle appartenait vraiment à une

autre. Ce sont là de ces argumens qui se présentent si naturellement au lecteur, que je me bornerai à les indiquer sans fatiguer sa patience par un commentaire sur ce sujet.

Les conclusions de M. Bryant (1) sont telles qu'on devait les attendre d'après ses argumens antérieurs. «L'his-« toire de Troye est étrangère à la « Grèce et vient d'Egypte ». Après m'être si fort élevé contre le principe, je ne puis guère admettre la conséquence. Il nous fait ici une nouvelle objection. « Jamais, dit-il, les natu-« rels d'un pays n'ont rempli leur his-« toire de tant d'incohérences ; on « n'en trouve d'exemples dans aucuns « fastes ». Lisons tous les passages relatifs aux siècles héroïques de la Grèce ; nous trouverons l'allégorie et la fiction perpétuellement mêlées

____

(1) Conclusions tirées des anciennes traditions.

avec la vérité : Homère seul tira de l'obscurité la page la plus illustre de leurs annales vénérables. Mais devons-nous supposer que tous les autres noms des fondateurs et des protecteurs des états de la Grèce, soient étrangers à ce pays, parce que leur histoire n'est pas aussi exacte qu'on pourrait le désirer. Ce ne fut qu'au tems d'Hérodote que l'histoire sortit des ténèbres et succéda à la fable ; mais au travers de l'obscurité qui l'enveloppait avant cette époque, on peut distinctement reconnaître les grands événemens sur lesquels différens écrivains sont d'accord ; et comme les sources où ils ont puisé leurs traditions sont évidemment différentes, leur incohérence traditionnelle prouve les faits généraux qu'ils nous ont transmis.

M. Bryant trouve improbable que les Phrygiens eussent des noms qui paraissent d'une origine grecque, d'autant plus qu'il les regarde comme une

race tout-à-fait différente. Cependant il abandonne ce sujet pour le moment: mais comme il revient avec plus de détail dans les chapitres suivans, j'examinerai alors son objection dans toute son étendue. Quant à présent, il prétend qu'Homère paraît n'avoir pas bien connu la Phrygie, puisque les divinités qu'il y met en action ne sont point les dieux de l'Asie, mais ceux de la Grèce qu'il leur a substitués. Avant de souscrire implicitement à l'assertion de M. Bryant, examinons le langage bien différent qu'il a tenu dans ses premiers ouvrages, dans l'analyse de l'ancienne mythologie. Nous lisons que (1), « lors de la dis-
« persion des Cuthites, les *Méropes*
« vinrent dans la Grèce. Tous les Hel-

____

(2) Méropes, Μέροπες, est une épithète très-commune parmi les écrivains grecs, et loin de désigner une race particulière, on l'applique par-tout à la race humaine en général ; mais

3. 8

« ladiens, ainsi que les Ioniens, étaient
« *Méropes*. Les Troyens étaient aussi
« de cette race, et le poëte, en parlant
« de la fondation de Troye, la cite
« comme une ville de *Méropes*, πολις
« μεροπων ανθρωπων, fondée par Darda-
« nus. Les Dardaniens étaient Atlan-
« tiques, et passaient pour descendre
« d'Electre : les Troyens et les My-
« siens étaient une race différente
« des indigènes de Phrygie, puisqu'ils
« parlaient le même langage que les
« peuples d'Hellas et d'Ionie. Les
« Phrygiens descendaient de Japhet
« et de Javan ; ils possédaient tout le
« pays, excepté quelques districts sur
« le bord de la mer. Ils avaient une
« langue différente de celle des
« Troyens, parce qu'ils étaient d'une

---

cette explication de πωλις μεροπων ανθρωπων a
un usage étymologique, là où il est employé.
Bryant, analyse de la mythologie ancienne,
tom. 3, p. 435.

« race différente ; mais les Troyens et
« les Grecs étaient de la même famille,
« et on nous les représente comme
« ayant le même idiôme ».

En cela nous sommes d'accord avec
M. Bryant : *O si sic omnia !* Mais
quels étaient les Troyens dont il parle
ainsi ? Ce n'étaient certainement pas les
habitans d'un village d'Egypte , mais
un peuple phrygien , ayant le même
langage et la même origine que les
Grecs : pourquoi donc n'auraient-ils
pas eu les mêmes noms et la même
religion ? D'après le passage que nous
venons de citer , Homère aurait donc
donné la preuve de la plus grossière
ignorance , s'il avait adopté la religion
de Rhéa et les noms de la Phrygie si
différens de ceux de Troye et de Mysie.
Cependant il est probable que la langue et le culte des Phrygiens étaient
en quelque façon semblables à ceux de
la Grèce. Si nous consultons de nouveau Strabon, nous y trouverons les

détails suivans sur ces peuples : « Les
« Phrygiens (1) aussi étant une colo-
« nie de Thrace, en apportèrent leurs
« mystères ». Il paraît que ces mystères étaient ceux de Samothrace, dont
les principales divinités étaient Rhéa,
Bérécynthe, Atys et les Dioscures
(2). Le même auteur, un peu plus
loin, nous en donne encore une

---

(1) *Strabon*, l. x, p. 471.

(2) *Strabon*, l. xiii, p. 590. Pour confirmer
les détails que M. Bryant nous donne dans son
analyse de la mythologie ancienne, je vais désigner quelques nations de l'Asie, auxquelles les
anciens auteurs donnent une origine européenne.
Mela nous dit que l'origine des Cariens est in-
certaine ; mais *sunt qui Pelasgos existimant,*
liv. i., ch. xvi. Les Ciconiens étaient Thraces,
et venaient des bords de l'Hèbre : les Pæo-
niens étaient Macédoniens. *Strabon*, p. 323 et
498. Les Paphlagoniens étaient une colonie en-
voyée d'Arcadie, conduite par un fils de Phinée,
roi de ce pays. *Statii Theb.* 8 - 255. *Valer.*

preuve nouvelle ; car il nous dit qu'il
y avait plusieurs noms thraces également communs à la ville de Troye.
Les Scœens étaient des peuples de
Thrace, ils avaient une rivière nommée Scéus, et une muraille Scée ; il
y avoit aussi à Troye des portes Scées.
Une autre peuplade de Thraces se nommait Xanthe : il y avait près de Troye
une rivière Xanthe. Le fleuve Arisbe,
qui se jette dans l'Hèbre, porte le
nom d'une ville troyenne ; Rhésus,

Flacc. 4-444. Nous trouvons en Macédoine,
dès les premiers siècles, les noms d'Alexandros
et de Philippos, preuve certaine ou que le langage était grec dans ce pays, ou que ces noms
furent *hellénisés* par les écrivains grecs. Leurs
rois prétendaient descendre d'Hercule. Denis
d'Halicarnasse déclare que Troye avait une origine grecque, page 27 et 49. Les Pélasges étaient
Arcadiens, ou du moins quelques-uns d'eux
l'étaient. *Strabon*, p. 230 et 620. Ils fondèrent
des colonies à Lesbos, à Imbros. *Hérodote*,
in Terpsich, c. 26.

rivière de la Troade, est le nom d'un roi de Thrace. M. Bryant ne semble-t-il pas reconnaître cette généalogie dans la suite, lorsqu'il convertit d'un coup de baguette, en monumens thraces, tous les tombeaux qui subsistent encore aujourd'hui dans la Troade. Il est de fort peu de conséquence que les Thraces soient venus d'Asie, ou les Phrygiens de Thrace : le fait est qu'ils avaient le même langage et la même religion. Et si l'on veut les connaître tels qu'ils existaient en Thrace, on peut consulter les poëtes de ce pays, Orphée, Musée et Thamyris. Mais, dira-t-on, les fragmens qui nous restent de ces écrivains ne sont pas authentiques. Cela peut être, mais ils sont toujours d'une telle antiquité que, fussent-ils controuvés, ils n'en prouveraient pas moins notre assertion. Dans la liste des noms que je viens de citer, Xanthus et Xanthios sont indubitablement Grecs d'origine;

par conséquent tous les habitans de
cette partie du monde sortent du même
berceau. Il est hors de doute, d'après
les passages que j'ai cités, que Rhéa
et les autres divinités mystiques étaient
des divinités de la Thrace. Cependant
nous trouvons établis au milieu d'elles
Bacchus, les Muses Libethrides (1),
et principalement Mars. Ce n'est donc
pas Homère qui a introduit dans ce
pays les dieux de la Grèce ; mais ils y
étaient, parce que les deux nations
avaient une religion analogue. Il est
vrai que dans l'Iliade, Homère ne
prend point connaissance de Rhéa, de
Dindymène, de Bérécynthe, la mère,
la puissante mère des dieux. Mais
nous en trouverons la raison dans la
nature de ses mystères. Tout ce culte
était secret, et tout-à-fait séparé des
pratiques journalières de ceux qui

____

(1) *Strabon*, l. x, p. 471.

n'étaient pas initiés. Les πρόπολοι ou
les assesseurs de Rhéa qu'on adorait
avec elle, sont à peine connus par
leur nom ; ses prêtres même étaient
enveloppés d'obscurité ; les Cabiri,
les Curètes et les Corybantes sont des
noms que Strabon et Diodore ont inutilement essayé d'expliquer. Les divinités du Synode étaient si respectées,
que même leur nom était secret τὰ δὲ
ὀνόματα αὐτῶν ἐστι μυστικά (1). Tels étaient les
mystères de Samothrace, ou du moins
voilà tout ce que nous en savons. Semblables à ceux d'Eleusis, ils n'ont
fourni aucun sujet épique aux poëtes
du paganisme, parce qu'il était sacrilége d'en divulguer les secrets. Homère
a donc fait usage de la religion du
pays dont il parlait, peut-être un peu
plus particulièrement de celle de son
pays. Mais il faut se souvenir que les

---

(1) *Strabon*, liv. x, p. 473. *Virg.* Enéid. l. v,
v. 784.

Grecs et les Romains ont trouvé leurs dieux établis dans tous les pays qu'ils ont envahis ; la seule ressemblance des attributs identifie le Ζευς Jupiter, et le Taranis des Germains, Αθηνη, Pallas et Minerve, Δημητηρ et Cérès, Αιδωνευς et Pluton, Ηφαιστος Vulcain et Mulciber, Αρτεμις, Diane et Britomartis ; Αφροδιτη Vénus, Mylitta, Alitta, Metra, et mille autres (1). Quels qu'aient donc été les noms des dieux de la Phrygie, un auteur grec écrivant pour ses compatriotes, a dû se servir des noms sous lesquels ces mêmes dieux étaient connus dans sa patrie. Mais Bérécynthe n'exclut ni Jupiter, ni ses autres enfans, puisqu'elle était la mère de tous les dieux de la mythologie. Néanmoins il n'eût pas été convenable de la faire paraître sur un champ de bataille ; et c'est peut-être pour cette raison

____

(2) *Strabon*, l. x, p. 471 et suiv.

qu'Homère n'a fait aucune mention de Cérès, qui pareillement était une divinité mystérieuse. Quoique ces mystères appartinssent principalement à la Samothrace et à la Phrygie, nous trouvons que plusieurs nations de la Grèce participaient à leur célébration. Les Curètes d'Acarnanie, d'OEtolie et de Crète ; les Cabiri de Lemnos et d'Imbros (1); les Grecs et plusieurs nations barbares y envoyaient des pélérinages (πομπαι) comme à Délos. Il paraît donc probable que la religion de Phrygie était reçue en Grèce ; et il est également vraisemblable que les dieux de la Grèce se trouvaient en Phrygie.

Les Phrygiens, dit-on, prétendaient être d'une haute antiquité. Ils rivalisaient avec les Egyptiens, qui reconnaissaient leur priorité. C'est, dit

____

(3) *Vincent* sur les voyages de Néarque, p. 477, à la note.

M. Bryant, ce que nous apprend Hérodote qui les regarde aussi comme
plus anciens. Je vais traduire le passage
dont il est ici question. « Avant le règne
« de Psammtichus (1), les Egyptiens
« se regardaient comme la plus an-
« cienne race de l'espèce humaine; mais
« ce monarque voulut, pour sa propre
« satisfaction, décider quel était le
« peuple qui avait des droits à la plus
« haute antiquité. Depuis ce tems, ils
« ont reconnu la priorité des Phry-
« giens ; mais ils s'estiment plus an-
« ciens que tous les autres. Psamm-
« tichus fut long-tems avant de pouvoir
« trouver un moyen de déterminer,
« d'une manière certaine, quelle était
« vraiment la plus ancienne race
« d'hommes. Enfin, il s'avisa de l'ex-
« pédient suivant : Il confia à un berger
« deux enfans nouvellement nés de

____

(1) *Hérodote*, l. II, ch. II.

« parens pauvres, et lui ordonna de
« les élever avec son troupeau, de ne
« leur jamais laisser entendre un seul
« son de voix humaine, mais de les
« tenir renfermés dans une cabane
« vide, de les faire allaiter par des
« chèvres, à des heures marquées, et
« de leur donner la nourriture qui
« leur serait convenable, lorsqu'ils
« seraient assez avancés pour cesser
« de teter. Le but de ce prince était
« de savoir quel serait le premier
« mot distinct qu'ils prononceraient
« lorsqu'ils seraient parvenus à l'âge
« de parler. L'événement remplit par-
« faitement son espoir. Lorsque ces
« enfans eurent deux ans, ils accou-
« raient en chancelant au-devant du
« berger, toutes les fois qu'il ouvrait
« la porte pour venir dans leur ca-
« bane, et criaient *beccos* en lui ten-
« dant les mains. Le berger, toujours
» attentif, ayant remarqué qu'ils pro-
« nonçaient toujours le même mot

« quand il venait auprès d'eux, il
« en avertit le roi qui fit amener
« les enfans devant lui. Il les en-
« tendit lui-même articuler *beccos*,
« et demanda quelle était la nation
« qui se servait de ce mot pour dési-
« gner une chose quelconque. Il se
« trouva que c'était un mot phry-
« gien qui signifiait *pain*. Depuis ce
« tems, les Egyptiens reconnaissent
« les Phrygiens pour être de la race la
« plus ancienne. Je tiens ce fait des
« prêtres de Vulcain à Memphis. »
Voilà tout ce que dit Hérodote à ce
sujet, et le lecteur chercherait en vain
des preuves plus claires de l'antiquité
de la Phrygie.

Parmi toutes ces nations confusé-
ment mêlées ensemble, M. Bryant (1)
lui-même en reconnaît une grande

----

(1) *Voy.* l'analyse de la mythologie ancienne,
vol. 3, p. 435; et les Pélasges, les Cauconiens
et les Leleges, vol. 3, p. 383.

quantité pour grecques d'extraction.
Ce n'est donc pas Homère qui le premier plaça leurs noms en Phrygie.
Parmi ces Grecs d'origine, M. Bryant
compte lui-même les Troyens, les
Mysiens et les autres habitans de cette
côte. Cela seul répond à toutes les
objections qu'il peut faire sur leur
nom. Si Homère leur avait donné
d'autres dénominations, nous serions
fondés à en tirer les mêmes conclusions que M. Bryant ; mais les Phrygiens sont quelquefois représentés
comme des peuples distincts et séparés
des Troyens. Dans la liste des alliés
de Troye (1), ils viennent de fort loin,
de l'Arcadie, sous la conduite de
Phorcys et d'Ascanius, dont les noms
ne sont pas dérivés du grec; et l'on
sait que quelques peuples de la Phrygie
parlaient un langage différent. Bien

____

(1) *Bryant*, l. 2, p. 862.

des noms troyens ont, sans contredit, des racines étrangères à la Grèce. En vain chercherait-on dans la langue de ce pays les noms de Priam, Énée et Anchise ; il est vrai qu'ils ont pris des terminaisons analogues aux déclinaisons grecques. Cela est non-seulement excusable, mais encore nécessaire dans les auteurs grecs, dont le langage consistait principalement en inflexions. Nous trouvons cet usage pratiqué par tous les écrivains de l'antiquité (1).

____

(1) On se sert souvent de ces terminaisons dans le grec, même lorsqu'il n'y a pas de motif poétique pour cela. Les noms de Mithridate, Rehum, Shimshaï, Tabeel et Bishlam, que l'on trouve dans Ezra, se trouvent dans l'apocryphe Esdras, énoncés comme Mithridates, Rathumos, Semellios, Tabellios et Belemos. *Voy. Ezra*, IV. 7-8 et I ; *Esdras*, II. II, XVI. 30. Ces noms n'ont-ils pas l'apparence grecque, aussi bien que la plupart de ceux que l'on trouve dans le catalogue d'Homère ? Les racines de Achilléus, Aias, Odysséus, Idoménéus, Mé-

Hérodote fait autant d'hellénismes sur
les noms des rois de Perse, qu'Homère
en a faits sur ceux des héros de l'Asie.
Comme les Cariens étaient βαρβαρόφωνοι,
c'est-à-dire, n'avaient qu'un langage
barbare, cette épithète seule suffit pour
faire rejeter par un écrivain, au moins
quelques-uns des noms de ce peuple.
On leur substitua un mot grec qui
renfermait le même sens avec une ter-
minaison certainement grecque. Ainsi,
Amphimachus est à-coup-sûr un nom

---

rion et cent autres, sont aussi bien perdues que
celles de Priam, Énée, Anchise, etc. On ne
pourrait non plus retrouver la racine grecque de
plusieurs noms de places, tels que Kissos, Ery-
manthos, Pholoé, Corynthos, etc., etc. Faut-il
en conclure qu'il ne sont pas grecs ? Et lorsque
nous n'en savons pas davantage à l'égard de bien
d'autres noms, faut-il, parce que nous n'en con-
noissons pas la racine asiatique, qu'ils ne soient
pas asiatiques, ou qu'ils soient grecs parce qu'Homère et ses compatriotes les ont vêtus à la
grecque?

grec ; et l'autre chef, Nastes, paraît avoir conservé son premier nom, susceptible d'une inflexion grecque. Comment M. Bryant peut-il dire qu'Homère ait donné à ces nations des côtes de l'Asie, les noms qu'elles portaient quand les Grecs les eurent *coloni-sées* (1), après nous avoir dit lui-même, dans un autre endroit, que long-tems avant la seconde émigration ionique, les peuples de Troye, de Mysie, d'Ionie et d'Hellas étaient de la même famille? Soit que le mot *Mé-ropes* ait ou non signifié jadis une race particulière, soit que l'on conteste à M. Bryant ses ingénieuses conjectures sur cette partie de l'ancienne mythologie, l'argument est toujours décisif contre lui. Je suis persuadé que si M. Bryant, au lieu de chicaner sur les mots grecs, avait voulu les dissé-

______

(1) *Voyez* le même auteur, pag. 385-435 et autres, dans le tome III.

3.

quer avec la moitié seulement de ses
talens étymologiques, il eût pu les faire
remonter à n'importe quelle langue il
eût voulu leur assigner pour origine.

« Homère (dit M. Bryant) (1) trai-
« tait un sujet relatif à une époque
« enveloppée d'obscurités. Forcé d'a-
« dapter son histoire à un autre siècle
« et à une autre race d'hommes , il
« dut s'accorder avec les traditions du
« peuple pour lequel il écrivait. »
Etre conséquent n'est certainement pas
un défaut dans un historien ; et soit
que l'histoire d'Homère ait été naturellement bien raisonnée, bien d'accord, bien liée, ou qu'elle soit redevable de ces qualités au jugement de
ce grand poëte, on ne peut en faire
une preuve de fausseté contre lui. « Il
« a inventé, dit-on, des noms et des
« caractères, et les a rendu plausibles

____

(1) Autres considérations sur les noms et familles. *Bryant*, p. 76.

« par des anecdotes et des généalo-
« gies. » Il les a rendu si plausibles,
en effet, que les Grecs et les Troyens
y puisaient les preuves généalogiques
de leurs familles ; si plausibles, dis-je,
que Périclès se disait descendu de Nestor, et que cette origine ne lui était pas
contestée dans le siècle le plus éclairé,
le plus instruit de la Grèce littéraire.
Si le poëte a fait usage de noms qui
avaient jadis existé ; s'il a rappelé des
anecdotes qui avaient eu lieu, des généalogies reconnues, qui osera le
contredire ? Et de ce que les faits sont
probables, conclura-t-on qu'ils sont
faux, et que c'est une histoire faite à
plaisir ? Serait-ce là une saine logique ?
et M. Bryant nous accorderait-il une
pareille conséquence dans un autre
sujet quelconque ?

« Mais, dit-on, la plupart de ces
« généalogies remontent à une divi-
« nité. » M. Bryant nous en donne
plusieurs exemples. Cependant, dans

la page précédente, il dit qu'Homère
parlait d'une époque enveloppée d'obscurités, au moment où les lettres com-
mençaient à s'introduire en Grèce, et
il le blâme de ne pas connaître la généalogie de ses héros au-delà d'une
ou deux générations. S'il les avait fait
remonter plus loin, il nous aurait
certainement donné une forte preuve
de son invention et non de sa véracité,
en supposant toujours que le tems
dont il parle fût aussi obscur à ces époques reculées, que le prétend M. Bryant.
Lorsqu'un homme dans ces tems se dis-
tinguait par quelque action héroïque,
il mettait sa famille en évidence, et
peut-être en acquérait-elle du pouvoir
ou des richesses. La reconnaissance
flatteuse des peuples faisait remonter
leur origine jusqu'au tems où leurs traditions obscures se perdaient dans les
ténèbres dont leur imagination avait
enveloppé le siècle de leur origine, en
croyant que les époques antérieures

n'avaient été remplies que par l'existence d'êtres divins.

Ne sommes-nous pas en possession de la lettre d'Olympias à son fils Alexandre, par laquelle elle lui certifie gravement qu'il n'est pas le fils de Jupiter? Si telle était la folie du tems, même dans le siècle éclairé d'Alexandre, devons-nous être surpris des contes populaires qu'une nation, tout-à-la-fois superstitieuse et douée d'un génie poétique, avait adoptés sur les généalogies de ses grands hommes pendant *une époque d'obscurités?* Il était tout simple qu'un poëte fît usage de l'absurde mythologie de son tems ; et conséquemment qu'il peuplât son poëme de toute la famille de ses divinités. Telle est la conduite d'Homère : elle est toute naturelle. Si ce poëte était le seul qui eût mis les dieux en action avec les mortels, on pourrait élever des doutes à cet égard ; mais il se trouve que tous les héros de son tems prétendaient à une origine divine, comme ceux de l'Iliade. Cela prouve que ces généalogies célestes ne sont pas particulières à Homère, et que loin d'inventer une histoire et d'imaginer des coutumes, il n'a fait que nous les transmettre.

M. Bryant fait ici, et répète dans un chapitre suivant, une objection sur le nom et le caractère d'Agamemnon. Il paraît, d'après Homère (1), qu'Agamemnon était commandant en chef et roi de la puissante Mycène. Mais il n'y a aucune raison de penser, dit M. Bryant, que Mycène ait jamais été une ville aussi importante que le dit Homère. M. Bryant aurait dû au moins nous démontrer qu'il a des raisons suffisantes pour être sûr du contraire ; autrement le témoignage d'Homère est une preuve réelle, jusqu'à ce

(1) *Bryant*, sur les héros qui furent déïfiés.

qu'il soit contredit par un autre aussi
positif et aussi authentique. Les états
de la Grèce étaient si loin de regarder
ce témoignage sous le même point de
vue que M. Bryant, que nous le voyons
cité par leurs législateurs et leurs
ambassadeurs. Nous les voyons avoir
recours à son poëme pour ajuster leurs
différends sur les limites de leur terri-
toire. Plutarque nous apprend que
quand les Athéniens disputèrent aux
Mégariens la possession de Salamine,
leur cause fut portée à Sparte. Solon
plaida pour son pays devant l'assemblée ; et l'un des principaux points sur
lesquels il fonda les droits de sa patrie,
fut un passage d'Homère :

Αιας δ' εκ Σαλαμινος αγεν δυοκαιδεκα νηας
Στησε δ' αγων ιν Αθηναιων ισανJο φαλαγγες. (1)

Cette anecdote nous est confirmée

par Démosthène (1). Aristote y fait allusion , et Diogène-Laërce nous la transmet de son côté. Si Homère était devenu l'arbitre des propriétés de la Grèce , je ne vois pas pourquoi nous refuserions de le croire au sujet de Mycène.

D'autres anciens auteurs ont cru et confirmé son témoignage. Strabon (2) s'exprime ainsi sur Argos et sur My-cène : « Argos surpassa d'abord My-
« cène en puissance ; mais cette pros-
« périté fut passagère. Les fils de Pe-
« lops, en choisissant Argos pour leur
« séjour, privèrent la ville de Mycène
« du rang qu'elle occupait parmi les
« cités de la Grèce ; car toute la puis-
« sance étant échue aux fils d'Atrée,
« le roi Agamemnon, leur aîné, aidé
« de son courage et de la fortune, aug-

____

(1) *Démosth. de Fals.... legat....* p. 332. — *Arist.* Rhetor. l. I, ch. ult.

(2) *Strabon*, l. VIII, p. 372.

« menta ses états et ajouta la Laconie
« à son royaume, quelques-uns di-
« sent l'Argolide. Ménélas gouverna
« la Laconie pour son frère. Aga-
« memnon commandait donc à My-
« cène et dans tout le district de cette
« ville, jusqu'à Corinthe et à Sycione,
« ainsi que dans tout le pays que l'on
« nommait alors l'Ionie et l'OEgialie,
« nommée depuis Achaïe. Mais après
« la mort d'Agamemnon et la fin de
« la guerre de Troye, Mycène perdit
« de sa splendeur, sur-tout au retour
« des Héraclides. » M. Bryant nous
fournit lui-même, dans la même page,
un témoignage encore plus fort. Thucydide (dit-il dans la note) en fait
mention comme d'une petite place,
Μυκηνας μικραν, mais il laisse croire qu'elle
avait été plus considérable, et il ne
donne aucun motif à cette supposition (1). Voici la suite du passage de

____

(1) *Bryant*, p. 78. — *Thucydide*, l. 1, ch. x.

Thucydide : « Parce que Mycène *a été*
« *une petite place*, ou parce qu'une
« autre ville quelconque de ce tems
« paraîtrait de peu d'importance, il
« ne faudrait pas en conclure d'une
« circonstance aussi trompeuse, que
« l'expédition (contre Troye) ait été
« moins importante que l'assurent les
« poëtes, ou que la renommée l'a
« publié. Car si la ville de Lacédé-
« mone était détruite et ravagée ; s'il
« n'en restait que les temples ou leurs
« fondemens, je conçois qu'après une
« période de tems, il serait douteux
« que son pouvoir eût jamais égalé sa
« réputation. Car, quoiqu'elle pos-
« sède les deux cinquièmes du Pélo-
« ponèse, quoiqu'elle en gouverne la
« totalité, qu'elle soit au-dehors à la
« tête d'une grande alliance, cepen-
« dant il est clair que ses ruines en
« donneraient une idée inférieure à
« sa renommée, parce que la ville
« n'est point réunie, qu'elle ne con-

« tient ni magnifique temple , ni su-
« perbes édifices , puisqu'elle ne con-
« siste qu'en divers groupes de mai-
« sons dispersées , suivant l'usage des
« premiers âges de la Grèce. Mais si
« pareil accident arrivait à Ahènes, la
« postérité jugerait la puissance de cette
« ville , double de ce qu'elle est effec-
« tivement. Il ne faut donc point douter
« de toutes ces histoires , ni sur les ap-
« parences actuelles juger de la force
« des anciennes villes. » Voilà, dans
son entier , le passage que M. Bryant
a morcelé. Si l'histoire rapportée par
Homère était assez plausible pour sa-
tisfaire un historien aussi judicieux
que Thucydide , et aussi bien informé
de l'histoire ancienne de son pays , je
regarde son opinion sur la puissance
de Mycène , comme un témoignage
infiniment plus convaincant qu'une
assertion sans autorité, après un intervalle de deux mille ans , lorsque toutes
les premières histoires écrites ont péri.

Mais cette discussion sur Mycène est
assez longue. Si le lecteur en veut
savoir davantage , il pourra consulter
Pausanias (1). Ainsi, lorsque M. Bryant
assure qu'Homère seul parle de son ancienne splendeur , il devait réfléchir
que de tous les écrivains de ces premiers
tems , Homère est le seul qui nous reste
aujourd'hui, mais que Thucydide parle
de poëtes au pluriel , et de l'opinion générale d'alors : ce qui prouve qu'il était
appuyé par d'autres témoignages ; et
nous avons vu, dans le passage que je
viens de citer, le résultat de ses recherches à cet égard. Mais, dit-on, la grande
« influence qu'on attribue à Mycène
« sur les autres pays, est contredite par
« l'histoire de Corinthe et des autres
« villes, ainsi qu'on peut le voir dans
« Plutarque , Strabon et autres écri-
« vains. » Non-seulement le passage

____

(1) *Pausanias*, l. II, ch. XVI, 17.

de Strabon, que je viens de citer, répond à cette objection nouvelle, mais même il la détruit, en laissant apercevoir un sens tout opposé à celui qu'on cherche à lui donner; et comme M. Bryant ne nous a pas cité une seule ligne de ces autres écrivains, je ne puis mieux répondre à son assertion.

« Homère emprunte les noms de « plusieurs de ses héros, des divinités « du pays, connues de son tems : « c'est ce qui a fait supposer, dans « la suite, que ces héros avaient des « autels qui, dans la réalité, n'avaient « été élevés que pour les dieux dont « ils portaient les noms. » Comme M. Bryant se sert ailleurs de cette objection, et qu'il entre à ce sujet dans les plus grands détails, je me propose de répondre d'une manière satisfaisante à tous ces argumens. Il se contente ici du seul exemple d'Agamemnon : il nous dit que « Ly-

cophron (1) et Clément d'Alexandrie
« font mention des autels de Ζευς
« Αγαμεμνων, et qu'on trouve la même
« chose dans Athénagoras (2). » En

---

(1) M. Bryant cite ici exactement deux vers
de Lycophron (*Bryant*, p. 79); mais comme
ce sont autant de prophéties de la grandeur fu-
ture de son héros, il serait impossible de prouver
par-là qu'Agamemnon ait été précédemment un
titre réservé à Jupiter. Il paraît d'ailleurs que ce
titre se renfermait dans le district de Sparte seulement. Tzetzes, dans son commentaire sur ce
passage, dit : Οι Λακεδαιμονιοι ιδρυσαντο Αγαμεμ-
νονος Διος ιερον εις τιμην τυ Ηρωος. Canter, Meur-
sius et Potter sont du même avis, et sont cités
par M. Bryant. Le vers 335 de Lycophron signifie
la même chose, et tend à prouver qu'il regardait
le chef de l'armée grecque comme la personne
déifiée sous son nom.

(2) Le passage d'Athénagoras tend au même
but, quoique altéré par M. Bryant. Il cite les
noms des héros et des héroïnes que l'on adora

supposant qu'Agamemnon fut un des noms, une des épithètes sous lesquelles on honorait Jupiter, lequel est le plus probable, ou que cette épithète ait été dans la suite appliquée aux hommes par l'usage des tems, ou qu'Homère ait violé tous ces usages, pour adopter un nom qui ne pouvait convenir à des mortels ? « Eustathe, « continue-t-il, cite aussi deux au- « tres titres de Jupiter dans ce même « chapitre, ευρυχειων et ευρυμιδων, puis- « sant, ayant un grand comman- « dement..... » Soit; mais ces noms, Eurycreon, Eurymedon, sont deux

---

dans la suite. Ο μεν ιλιευς, Θεον Εκτορα λεγει, κ᾽ την Ελενην Αδραστειαν επισαμενος προσκυνει, ο δε Λακεδαιμονιος, Αγαμεμνονα Δια η Φυλονοην την Τυνδαρεα θυγατερα. κ. τ. λ. σεβει. Or, si Agamemnon était seulement un titre de Jupiter et étranger à ce héros, il serait absolument inutile d'en parler dans ce passage, par lequel l'auteur explique clairement quel est celui qu'il désigne.

noms propres usités par les Grecs (1).
M. Bryant nous dit ailleurs que Lycurgue était un nom sous lequel les
Ammonites adoraient le soleil. Cependant, nous trouvons souvent le
nom de Lycurgue appliqué aux hommes, à diverses époques de l'histoire
grecque. Ainsi, que Jupiter ait eu ou
non le titre d'Agamemnon, cela ne
prouve littéralement rien. On pourrait
en dire autant de tous les noms de
baptême, parce qu'ils sont insérés au
calendrier romain. M. Bryant revient
alors à sa première assertion ; et comme
si c'était une conséquence résultante
de ce qu'il aurait prouvé, il répète
que « tout le récit d'Homère est idéal ;
« que jamais le royaume de Mycène
« n'a existé, et que cette supposition
« est contraire à toute l'histoire an-
« cienne. » Mais quelle histoire donc ?

____

(1) *Bryant*, analyse de l'ancienne mythologie,
l. III, p. 42.

Existe-t-il une seule preuve à cet égard ?
Et M. Bryant en a-t-il donné une seule ?

On nous assure ensuite (1) qu'Agamemnon est un mot égyptien composé, que l'on a adopté en Grèce. Il était affecté au dieu Memnon ; son culte fut apporté de Thèbes en Egypte, à Argos et à Lacédémone, par les Danaïdes et les Mélampodes. Plus loin, on nous dit que le mot *Aga* signifie *chef*, et qu'il sert souvent à la composition des noms propres grecs, tels que Agénor, Agamedes, Agathyrsus, etc. Si le mot Aga est vraiment une racine grecque, pourquoi Agamemnon serait-il regardé comme idéal, plutôt que Agamedes ou les autres ? Quant à la conjecture égyptienne et à la conséquence mal déduite que l'on en tire, je ferai seulement observer au lecteur, que si l'on excepte la simili-

---

(1) Sur la signification du mot *Agamemnon*. *Bryant*, p. 81.

3. 10

tude de nom entre Memnon et Agamemnon, il n'y a pas pour le reste
l'ombre de fondement. Mais si l'on
voulait recourir aux étymologies,
je ne vois aucune raison pour transporter Agamemnon en Egypte. Ce nom
a été donné à Jupiter, et à un héros
fort illustre. Nous trouverions en grec
Αγαν μιμνων *valdè manens*, QUI RESTE
LONG-TEMS, s'il est question du héros
de Troye, et IMMORTEL s'il s'applique
au dieu. Cette conjecture ne prouve
pas plus que l'autre : elle n'est cependant pas inutile, en ce qu'un tel
exemple apprend au lecteur, qu'on
peut aisément trouver des étymologies
pour prouver deux choses opposées.
On nous dit aussi que Menesthée, Petes
et Ménélas sont des noms composés
égytiens. Diodore fait mention des
deux premiers, et leur donne une extraction égyptienne (1). Nous savons

____

(1) *Diodore de Sicile*, l. I, p. 25. Τον γαρ
Πετην τον πατερα Μενεσθεως τυ ϛρατευσαντος ες Τροιαν

que plusieurs Grecs étaient originaires
d'Egypte. Quant à Ménélas , quoiqu'en Egypte Ménès ait donné son nom
à un homme connu sous le nom de

φανερῶς Αιγυπτιον υπαρξαντα κ. τ. λ. Petes, père de
Menesthée, qui commandait à Troye, était évidemment natif d'Egypte, etc. Il ajoute cependant qu'il obtint la souveraineté d'Athènes. Diodore, dit M. Bryant, a certainement raison ; car
Petes est un mot égyptien et Menestheus est un
composé de Ménès et de Theuthe. Mais si Petes
émigra à Athènes, et si son fils Menesthée commandait à Troye, n'était-ce pas la Troye de
Phrygie ? Dans le même passage, il est dit que
Petes se nommait διφυης, d'une nature double ;
et la fable le regardait comme moitié homme
moitié brute. La vraie raison en était, suivant
Diodore οτι δυειν πολιτειων μεγασχων Ελληνικης κ
βαρβαρου; « parce qu'il était citoyen de deux états
« différens, l'un grec et l'autre barbare. » Or, si
Petes ne quitta jamais l'Egypte, et si Menesthée ne
vit jamais la guerre de Troye , comment Diodore
peut-il avoir raison ? Le nom de Guillaume-
le-Conquérant et ceux de ses compagnons
étaient français ; mais on n'a jamais nié qu'ils
aient existé en Angleterre.

Men-el-ai, cependant il est possible que les Grecs ayent nommé un de leurs héros Ménélas : cette similitude ne prouve pas plus la non - existence du héros que celle du nom (1). Ménélas est aussi un composé grec, et j'ai tout autant de droit de lui donner une étymologie grecque, que M. Bryant de lui en donner une égyptienne. M. Bryant fera-t-il aussi descendre Meneptolème, Ménédeme, Ménecrate, Ménecharmes, etc., etc., etc., du dieu égyptien Ménès ? Son raisonnement ne prouve rien, ou ce qui ne vaut pas mieux en logique, il prouve trop.

Une autre difficulté (2) dont M. Bryant tire des conclusions contre l'histoire de Troye ; c'est que la plupart des héros dont l'histoire a conservé les noms,

____

(1) Μενος λαου , comme Méneptolème, de Μενος πτολιμου.

(2) Des héros de l'armée grecque, et de leur conservation étonnante. *Bryant*, p. 83.

survivent à l'époque de l'Iliade. Ils sont au nombre de quarante-six ; et parce qu'ils reparaissent encore après cette guerre, M. Bryant refuse de croire à leur existence.

Voyons quel tort un pareil argument peut faire à la véracité du poëte. Dans son second livre, il nous représente l'armée grecque rangée dans la plaine du Scamandre, la dernière année de la guerre. Il invoque les Muses (1) et les prie de lui nommer quels sont les chefs des Grecs et ceux qui commandent leurs forces Οἵτινες ἡγεμόνες Δαναῶν κ̀ κοίρανοι ἦσαν, qui vinrent ὑπο Ἰλιον contre Troye dans ce tems. Il entre alors dans l'énumération des personnages dramatiques de son propre ouvrage. Il dit quels étaient les chefs présens dans la dixième année de la guerre ; il raconte les faits

____

(1) *Homère*, Il. l. II.

qui ont eu lieu pendant cette année seulement. S'il nomme Protésilas, c'est parce que ce chef étant le premier tué, et celui dont le vaisseau fut ensuite brûlé, c'était un personnage que la tradition rendait remarquable en Grèce. Il nomme aussi Philoctète, qui pour lors était absent, parce que, suivant l'oracle, le sort de Troye dépendait de lui : mais ses troupes étaient, pendant son absence, commandées par Medon dont on nous parle aussi. Les morts étaient ainsi remplacés dans le commandement des troupes ; ce sont ces nouveaux commandans et ceux qui survécurent qui sont nommés chefs dans le catalogue. Cela est évident, puisqu'Homère ne parle jamais de Palamedes qui avait été tué. Il y a lieu de croire par conséquent qu'il a de même omis bien des noms qui nous sont maintenant inconnus. Supposons que dix mille héros aient été tués dans les neuf premières années, quel intérêt Homère devait-il y prendre? Mais que leur est-il arrivé? Où sont-ils? Précisément où M. Bryant désire qu'ils soient, morts ou retirés du service, du théâtre de la guerre, et par conséquent du catalogue des troupes dont parle l'Iliade.

On paraît nous faire une autre objection dans le chapitre suivant sur le nom de Protésilas. Ce nom expliquant quelques détails de sa mort qui le firent ainsi appeler, persuade presque à M. Bryant que toute cette histoire est une fable. Le mot Protésilas signifie le premier du peuple, comme Agésilas signifie celui qui conduit le peuple. Maintenant, si l'on considère que Protésilas n'était pas le premier du peuple, et qu'Agésilas était le chef du sien, on trouvera que l'objection est plus forte contre le roi de Lacédémone que contre le guerrier troyen. En supposant qu'il fût accordé que ce nom

lui fut donné après l'événement, est-
ce une preuve que l'événement n'a
jamais eu lieu ? Certainement c'en est
plutôt la confirmation, et cela prou-
verait qu'il lui fût donné en mémoire
de son courage.

(1) Après avoir ainsi fait usage de
tous les argumens qu'il pouvait puiser
dans la nature de l'histoire de Troye,
M. Bryant se renforce de l'opinion
des écrivains qui ont avancé et soutenu son systême favori, ou du moins
c'est ce qu'il désire nous faire croire.
Dion Chrysostôme auquel il s'attache
principalement, est le premier dont
il parle : nous nous en occuperons
bientôt ; nous avons maintenant une
plus ancienne autorité à discuter. Le
philosophe Anaxagoras, né vers la

____

(1) Opinions de quelques savans de l'antiquité, sur la ville et la guerre de Troye. *Bryant*,
p. 86.

soixante-dixième olympiade , résida
pendant les dernières années de sa vie
à Lampsaque (1) , ville située à quinze
lieues de Troye ou Ilium. Il fut le premier d'opinion que tout le poëme était
une allégorie. C'est ce que nous
apprend Favorin , cité par Diogène-
Laërce. Le même auteur nous dit aussi

----

(1) Anaxagoras pensait peut-être sur Homère
comme Horace , et le regardait comme un écrivain

Qui , quid sit pulchrum quid turpe , quid utile quid non
Planius ac melius Chrysippo et Crantore dicit.

Mais quelles que soient les vérités morales et
physiques qui semblent résulter de l'Iliade, nous
n'avons aucune raison de nier le récit qui nous
les a fait connaître. Tout en convenant que
l'allégorie peut être le sujet d'un poëme , on
s'accorde à croire que ses bases doivent être
quelques événemens historiques. La légende
de Spencer sur la tempérance , semblable à toutes
les autres légendes, renferme une allégorie mo-

que Métrodore contribua beaucoup à
appuyer le sentiment d'Anaxagoras,
puisqu'il était lui-même auteur d'un
autre système pareil. Il prétendait que
les ouvrages d'Homère n'étaient qu'un
tableau allégorique d'histoire naturelle. En conséquence, M. Bryant raisonne ainsi : On n'est le premier que
lorsqu'on a des seconds ; et puisque
Anaxagoras passe pour avoir le premier suggéré cette idée, d'autres l'ont
adoptée depuis : on compte principalement Zénon , philosophe dont
parle Athenée ; et Basile le Grand. Mais

---

rale, palpable et claire ; mais elle porte aussi sur
un fait historique, et représente l'état de l'Irlande sous l'administration du lord Gray et la
révolte du lord Desmond. Je demande maintenant si, même dans ce cas, la première allégorie
détruit la dernière : elles se renforcent au contraire. L'histoire est la voix de la sagesse, et les
leçons qu'elle nous donne sont περι αρετης κ)
δικαιοσυνης.

M. Bryant n'en dit pas assez: Cette circonstance prouve bien davantage. Elle prouve qu'avant Anaxagoras, personne n'avait eu cette idée, puisqu'il était le premier. Or si l'on observe que la plus ancienne opinion contre l'existence de Troye ne peut pas remonter plus loin que la soixante - dixième olympiade (1), la première de la vie d'Anaxagoras; si l'on ajoute que cet écrivain ne put beaucoup écrire, on ne recevra son témoignage qu'avec précau-

---

(1) M. Bryant, en nous donnant la date de la naissance d'Anaxagoras , aurait dû ajouter qu'il vécut très-long-tems, et que s'il a jamais résidé à Lampsaque, ce n'est que sur ses vieux jours , et après avoir été condamné à Athènes pour son impiété, arrêt qui le força de quitter cette ville. Suivant quelques auteurs , il n'en est jamais sorti, mais il y mourut par un suicide. *Voyez* Diogène Laërce , l. ii, segm. 13. Il écrivit donc sur Troye , bien plus tard que la 70e. olympiade, et peut-être n'y alla-t-il jamais.

tion. L'on suppose généralement que la guerre de Troye eut lieu environ 1183 ans avant Jésus - Christ. La première olympiade était en 776. De là jusqu'à la naissance d'Anaxagoras , il s'écoula une période de soixante-dix olympiades ou 280 ans. Ce qui forme un intervalle de 687 ans entre lui et la guerre de Troye. Et comme il est le premier qui ait élevé des doutes contre cet événement mémorable , un pareil intervalle doit nous tenir en garde contre son opinion, et nous empêcher d'y croire implicitement. Avant de le prendre pour juge , il nous reste encore une considération ; c'est de savoir jusqu'à quel point il mérite la confiance pour qu'on ait égard à sa seule autorité. Il est assez curieux d'observer que dans la phrase suivante, on nous dit qu'il croyait que le ciel était une voûte de pierre. Il fondait cette opinion sur ce qu'il était, disait-on, tombé une pierre de l'air (1). S'il raisonne toujours ainsi, je doute que ses conclusions soient justes. Nous ne savons rien de Métrodore ; mais cet auteur et Anaxagoras avaient cela de commun avec M. Bryant, d'avoir voulu non seulement saper le systême reçu, mais encore d'en avoir créé un autre. Ils ont supposé que toute l'histoire de Troye était allégorique. L'un a fait un symbole de vertu et de vice, l'autre un tableau d'histoire naturelle ; chacun de ces trois sceptiques se trouve donc contredit par les deux autres : et malgré cette opposition singulière de sentimens, ils s'appuient sur les témoignages les uns des autres, en ce qui coïncide avec leur systême. Néanmoins leurs erreurs sur la prétendue

____

(1) On dit aussi qu'il prétendait que le soleil était un fer rouge plus grand que le Péloponèse. μυδριον διαπυρον χ̀ μειζω της Πελοποννησου. Diog. liv. 2, sect. 8.

allégorie d'Homère, sont trop visibles
pour que nous nous étendions beaucoup sur ce sujet. Mais elles peuvent
nous apprendre jusqu'où conduisent
la vanité et l'esprit sophistique, lorsqu'on veut soutenir une hypothèse bi-
zarre. « Mais, dit M. Bryant, ces
« hommes vivaient en Phrygie, dans
« la Troade même, ou du moins bien
« près ; *ils doivent* avoir bien connu la
« côte : ils étaient instruits, et *l'on a*
« *peine à croire* qu'ils eussent négligé
« de prendre des informations dans
« toutes les occasions possibles ». Ces
mots, *ils doivent*, *l'on a peine à*
croire, annoncent que tous ces raisonnemens ne sont que des conjectures.
On a peine à croire qu'un homme
instruit *puisse croire* que des pierres
soient tombées du ciel ; cependant
nous voyons qu'Anaxagoras l'a cru.
Ainsi, il est possible que ces hommes
savans et curieux de s'instruire, n'aient
pas fait tout ce que M. Bryant leur at-

tribue. Le théâtre de cette guerre n'était point non plus aussi immédiatement dans leur voisinage. De Lampsaque à Troye il y avait quarante - cinq milles, et la distance était encore plus grande jusqu'à la côte. M. Bryant fonde ici son scepticisme sur ce qu'ils ne reconnurent ni les traces de la ville (1), ni le pays qui avait dû l'environner. Mais ce n'est point à ce motif que leurs disciples et leurs biographes attribuent leurs doutes. M. Bryant en est un exemple lui-même, car son incrédulité est bien loin de reposer

----

(1) Il paraît qu'il est très-incertain qu'Anaxagoras ait jamais vécu à Lampsaque ; et dans tous les cas il n'y aurait été que dans les dernières années de sa vie qui fut très-longue : et si son livre ne fut pas composé avant qu'il eût vu la plaine de la Troade, c'était au moins bien longtems après la 70e. olympiade, époque de sa naissance.

sur une connaissance exacte des lieux.
Si cette hypothèse avait été fondée sur
quelque vraisemblance , elle eût eu
plus de poids dans un tems où il était
si facile de vérifier les faits. Mais
l'histoire comme Homère la rapporte ,
a survécu ; cette guerre a obtenu la
confiance publique ; on a cru à son
authenticité , tandis que Métrodore
et Anaxagoras ont été condamnés à
l'oubli dont M. Bryant a voulu ex-
humer leurs noms. « Ainsi , dit - il,
« les plus anciens auteurs (c'est-à-dire
« Métrodore et Anaxagoras) doutent
« des principaux événemens de cette
« guerre, ou les rejettent entièrement.»
Etaient-ils donc les plus anciens, et sa
chronologie ne lui indique-t-elle pas
des écrivains antérieurs à la soixante-
dixième olympiade. S'il veut consulter son Eschyle , dont l'antiquité date
au moins de quelques années de plus,
cet auteur lui fera voir combien

les traditions (1) contraires étaient
généralement reçues de son tems, et
combien l'histoire de Troye coïnci-
dait avec l'histoire particulière de la
Grèce. Agamemnon, les Choéphores
et les Furies en sont un exemple. Les
écrits de Sophocle, ceux de tous les
poëtes du tems sont remplis d'allusions
aux histoires de ce siècle. Hérodote,
le père de l'histoire, Thucydide, le
plus exact des historiens, leur donnent la sanction la plus formelle; mais
comme on nous oppose directement
le témoignage d'Hérodote, nous prions
le lecteur de suivre particulièrement
le raisonnement que fait ici M. Bryant,

---

(1) Eschyle né 525 mort 456 ans avant J. C. âgé de 69

Hérodote,	484	413	71
Anaxagoras,	498	428	70
Sophocle,	496	405	90

On voit qu'Eschyle était antérieur à Anaxagoras,
et qu'Hérodote et Sophocle, contemporains de celui-
ci, doivent être considérés comme plus anciens écrivains, puisqu'ils écrivirent plus jeunes.

3.   11

et de consulter l'original. Nous pensons qu'il ne le trouvera pas favorable à l'hypothèse qu'on nous oppose. Hérodote est d'avis que l'expédition eut lieu , mais il pense qu'Hélène n'y était pas présente. Après avoir long-tems raisonné contre ce fait et contre l'authenticité de quelques vers cypriens qui en font mention , il s'efforce d'expliquer , d'éclaircir autant qu'il le peut, Homère ; et revenant ensuite à son histoire , il dit : « (1) Adieu donc « maintenant Homère et les vers cy-« priens ». J'observerai que M. Bryant

---

(1) Hérodote, liv. II, ch. CXVIII, pag. 157. Ὁμηρος μεν τοι ϰ Κυπρια επεα χαιρετω , *Bryant*, p. 90. La critique élégante et judicieuse qui précède ces mots , est, sans contredit, une manière bien étrange de marquer du mépris. Il n'est pas ordinaire qu'un auteur s'attache , avec tant de travail, à éclaircir un ouvrage qu'il méprise , ou se rende le biographe d'un poëte qu'il traite avec dédain.

traduit ainsi ces mots : « Loin d'ici les
« uns et les autres , adieu pour long-
« tems à chacun d'eux, Homère et
« les vers cypriens ». Ce petit échan-
tillon pourra mettre le lecteur en garde
contre les traductions de M. Bryant,
et lui fera juger quel était réellement
ce grand et dédaigneux mépris, que
Hérodote avait, nous dit - on , pour
Homère. Le lecteur trouvera dans la
note ci - dessous (1) l'explication du

---

(1) La Vénus étrangère à laquelle on a dédié
un autel dans le temple de Proteus, en Egypte,
me paraît être Hélène, fille de Tyndare, parce
que je sais que Proteus reçut Hélène avec hospitalité, et parce que le nom d'étrangère ne se
donne à Vénus dans nul autre endroit. Mais
ce qui me confirme dans cette opinion , c'est
qu'en réponse à mes recherches sur Hélène, les
prêtres m'informèrent qu'Alexandre (nom de
Pâris) l'ayant ravie à son époux, fut, à son retour, emporté par un vent contraire, dont la
violence le jeta dans l'embouchure canopique
du Nil. Là, ses propres esclaves se rendirent ses

passage cité par M. Bryant, jusqu'à l'endroit où il peut être relatif à cette

---

délateurs auprès de Thonis, le principal officier du pays. Thonis en rendit compte immédiatement au roi Proteus qui demeurait à Memphis. Il est, dit-il, arrivé ici un étranger, Troyen de naissance; il a commis, en Grèce, l'action impie de séduire la femme de son hôte; la tempête les a jetés tous les deux sur nos côtes avec de grandes richesses. Le laisserons-nous partir avec impunité, ou saisirons-nous ce qu'il possède? Proteus lui envoya les ordres suivans : De quelque nation que puisse être l'auteur d'une pareille violation des droits de l'hospitalité, saisissez-le et me l'envoyez, afin que je sache ce qu'il peut dire pour sa défense. En conséquence, Thonis s'assura de la personne d'Alexandre, saisit ses vaisseaux, et l'envoya à Memphis, lui, Hélène, leurs esclaves et leurs effets. Parvenu devant Proteus, Alexandre avoua franchement son nom, sa famille et son pays. Mais ayant mal répondu aux demandes du roi sur le lieu où il avait pris Hélène, ses esclaves furent appelés en témoignage et révélèrent son crime. Alexandre resta convaincu. Alors le roi prononça cette

question. Il appréciera alors cette prétendue indifférence littéraire avec la-

---

sentence : « Si la vie d'un étranger ne m'était pas
sacrée, je te ferais payer de la tienne l'insulte
que tu as faite au prince grec. O le plus vil et
le plus bas des hommes ! qui, non content de
violer l'hospitalité par la séduction sacrilége de
l'épouse de ton hôte, as poussé le crime jusqu'à
l'enlever et voler avec elle les richesses de son
époux. Ta vie est en sûreté parce que tu es étranger, et qu'en ce moment je suis ton hôte ; mais
je ne te permettrai point d'emmener avec toi la
femme que tu as ravie, non plus que ses richesses. Je les garderai pour ton hôte grec, jusqu'à ce qu'il lui plaise de les réclamer. Pour toi
et les compagnons de ton voyage, je vous commande de quitter mon royaume dans trois
jours, sous peine d'être regardés comme ennemis. » Telle est, suivant les prêtres égyptiens,
l'arrivée d'Hélène à la cour de Proteus ; et quoiqu'Homère ne l'ait pas adoptée, cependant quelques allusions me persuadent qu'il connaissait
cette tradition. Il est évident qu'il fait des allusions au long voyage de Pâris, et donne à entendre qu'il avait touché à Sidon en Phénicie

quelle M. Bryant affecte d'examiner la vérité ou la fausseté de son hypothèse. Mais que doit-on naturellement inférer de cette histoire ? Que dans le pays favori de M. Bryant, on conservait une tradition particulière de la guerre de Troye, et que les prêtres égyptiens pour lesquels il a tant de respect, appuient le témoignage d'Ho-

---

avec Hélène. Dans l'Iliade, Hécube tire de ses coffres

« Les ouvrages des femmes sydoniennes, que son fils,
« Le divin Pâris, quand il traversa les mers,
« Apporta à Troye avec Hélène, fille de Jupiter......»
Iliad. IV, 289.

Et dans l'Odyssée, Hélène mêle au vin de Ménélas et de ses convives des plantes médicales d'une grande efficacité :

« La fille de Jupiter préparait avec art ces
« drogues de la plus grande vertu, qui lui
« avaient été données par l'Egyptienne Poly-
« damna, femme de Thone.... » *Odyss.* VI, 227.

Ménélas dit aussi à Télémaque que :

« Les dieux irrités de sa négligence à couvrir
« leurs autels d'hécatombes, l'avaient retenu sur

mère, puisque Thonis et Proteus leur étaient tous les deux connus. Elle prouve que Ménélas y arriva réellement, et nous avons un détail circonstancié de toute sa conduite. Comment M. Bryant pourra-t-il donc demander des explications aux prêtres égyptiens sur ce qu'ils lui apprennent? Leur prouvera-t-il de même aisément

---

« les rivages d'Egypte, malgré son désir de re-
« tourner chez lui.....» *Odyss.* VI, 351.

D'après cela, il est manifeste qu'Homère connaissait le voyage de Pâris en Egypte ; car la Syrie est limitrophe de l'Egypte, et les Phéniciens, qui sont maîtres de Sidon, habitent la Syrie. Par conséquent, ces passages prouvent incontestablement que les vers cypriens, qui nous apprennent que Pâris, à l'aide d'un vent favorable, se rendit, en trois jours, de Sparte à Ilium, sont de quelque autre poëte, et non d'Homère, qui déclare qu'Alexandre, en enlevant Hélène, revint par un très-long détour et par une route peu fréquentée. *Mais quittons Hélène et les vers cypriens.* HÉRODOT. l. II, c. CXVIII.

que cette ville de Troye qu'ils ont eux-
mêmes placée en Phrygie, et tous les
détails sur lesquels ils ont le malheur
de se trouver d'accord avec d'autres
auteurs grecs, sont autant d'erreurs et
doivent se rapporter aux annales de leur
propre pays? Si du tems d'Hérodote
leurs traditions n'étaient pas assez anciennes pour déterminer leurs époques,
est-il probable qu'après un intervalle
de deux mille ans, M. Bryant puisse
découvrir la vérité d'une anecdote
égyptienne, et démentir le témoignage des histoires d'Egypte, de Grèce
et d'Asie, qui toutes se rencontrent
sur ce point, suivant ce que nous font
connaître les prêtres égyptiens du tems
d'Hérodote (1)? Quelques-uns de ces
faits, dit l'historien, étaient appuyés

____

(1) Hérodote parle d'une tradition assez commune en Asie : on y regardait les Grecs comme
les agresseurs, c'est à elle qu'il faut attribuer
la longue animosité qui entraîna ces nations

sur des recherches faites avec le plus
grand soin ; les prêtres eux-mêmes
furent témoins des autres Ils ne
pouvaient avoir aucun doute sur
l'authenticité de ces faits, puisqu'ils
étaient arrivés au milieu d'eux. Voilà
cependant et l'auteur et le passage dont
M. Bryant s'appuie pour soutenir
son hypothèse , et dont il nous a
tronqué une partie. C'est au lecteur à
prononcer si M. Bryant pouvait ignorer les conclusions que l'on doit déduire de ce passage : il jugera si c'est
de l'indignation ou du plaisir que doit
lui inspirer la manière adroite dont il
a supprimé la moitié des détails de
l'original. Euripide suit Hérodote,
et suppose qu'Hélène n'a pas été à
Troye. Mais loin d'insinuer que le

---

dans ces guerres continuelles, qui ne finirent
qu'avec la monarchie de Perse. Il reçut cette
tradition à Persépolis. *Voyez* Hérodote Clio,
ch. I.

reste du fait historique est une fable,
il y puise le sujet de plusieurs de
ses pièces, parce qu'il le regarde
comme une vérité authentique. Son
autorité est au moins aussi recevable
sur ce qu'il assure positivement, que
sur le seul point qu'il nie. Lorsqu'Hérodote et lui nous assurent qu'Hélène
n'était pas à Troye pendant le siége,
cette assertion suppose nécessairement une Troye et un siége. Autrement je demanderais à M. Bryant,
comment ils auraient dit qu'elle était
absente d'un endroit où il n'y eût eu
personne ou qui n'eût pas existé.
Toutes ces autorités sont donc, malheureusement pour M. Bryant, directement opposées à son hypothèse. Mais
comme à cet égard la discussion sur
l'Egypte, nous fournit des conclusions
plus immédiates contre lui, il ne sera
peut-être pas hors de propos de lui
demander ici, comment il s'est fait
que les traditions et les anciennes his-

toires sur la Troye d'Egypte, ont été si complètement détruites, qu'il n'est rien resté qui pût attester ce plagiat d'Homère, lorsque les Ptolémées ont appelé auprès d'eux Zénodote, Aristophane et Aristarque, dont la sévérité est passée en proverbe. Il faut aussi observer que ces savans publièrent en Egypte des éditions d'Homère qu'ils eurent soin de corriger et de revoir. Les anciens prêtres des temples de ce pays, avaient vu naître ces traditions. Dans la suite, on avait dû les recueillir, pour les déposer dans les bibliothèques publiques et surtout dans celle d'Alexandrie, qui était la merveille de l'univers. Le lecteur observera aussi que (1) Callimaque et Apollonius de Rhodes en étaient bibliothécaires. Combien de fois n'ont-ils pas parlé de cette partie de l'histoire ancienne, sans même songer à supposer

____

(1) *Callimaque*, Εἰς Ἄρτεμιν, liv. 230.

qu'elle eût une origine égyptienne.
Passons aux autres témoignages qu'on
invoque. Strabon fait mention d'une
savante dame nommée Hæstiæa Ale-
xandrina, qui écrivit sur Troye ; mais
il ne peut, dit M. Bryant, en trouver
la situation. Démétrius de Scepsis n'en
savait pas davantage, et c'est d'après
eux que Strabon écrivit les détails
qu'il nous donne. Mais ils sont tous
du même avis sur un point, c'est que
la situation de la moderne Ilium n'étoit
pas la même que celle de l'ancienne
Troye. Ils s'accordent aussi à nous
dire que la plupart des tombeaux des
héros et plusieurs marques ou bornes
dont parle Homère , existaient encore
de leur tems. Ils paraissent donc tous
persuadés de l'existence de Troye ,
et ne soupçonnaient certainement pas
que de ce qu'ils ignoraient sa situation, l'on pût tirer jamais des conséquences pareilles à celles de M. Bryant.
Il est certain que Strabon n'a pas en

personne visité la Troade, puisque, malgré l'opinion contraire de M. Bryant,
nous le voyons citer par-tout Démétrius dans cette partie de son ouvrage,
le choisir pour appui lorsque quelques
passages lui inspirent des doutes , et
raisonner ensuite sur la possibilité
d'une erreur de sa part. C'est d'après
lui que Strabon (1) cite Hæstiæa. Après
avoir rappelé toute la discussion sur
la nouvelle Ilium, et donné la description de la plaine , il dit : Εμπειρος (2)
δ' ων των τοπων ως αν επιχωριος ανηρ ο Δημητριος τοτε
μεν ουτως λεγει περι αυτων. « Démétrius,
homme qui connaissait bien le pays
dont il était originaire , nous en rend
compte ainsi ». Il le cite encore
dans la page suivante , au sujet de (3)
Rhésus ; et dans les pages (4) pré-

____

(1) *Strabon* , l. CLXXXIX, p. 559.

(2) *Id.* l. XIII, p. 602.

(3) *Id.*—*Ib.* « *Démétrius imagine.* »

(4) *Id.* l. XIII, p. 596-594. « *Démétrius de
Scepsis dit.* »

cédentes, nous trouvons Ὑπονοεῖ Δημητριος ; Φησι Δημητριος ὁ Σκεπψιος. Dans une
autre page, après avoir relevé un endroit de son récit qui implique contradiction, il dit : « Mais j'approuve (1)
« le reste, et je pense qu'en général,
« nous pouvons nous en rapporter à
« Démétrius, homme intelligent et né
« dans le pays ». Est-ce là le langage
clair et précis qu'aurait tenu Strabon sur cet endroit, s'il y était allé ?
et connaissant si parfaitement Homère, aurait-il eu recours à l'autorité
de Démétrius pour les objets qu'il
aurait vus lui-même et dont il aurait
été si bon juge ? Se serait-il amusé à
discuter sur Démétrius et à prouver
l'incohérence de sa relation, s'il avait
pu contredire les faits par ses propres
observations ? L'autorité de Strabon

---

(1) *Strabon*, l. XIII, p. 603. Τ'αλλα δε απολαμ-
βανομεν κỳ τα τε πλεισα δειν πρασεχειν, ως ανδρι
εμπειρω κỳ εντοπια.

dans cette affaire, n'est donc que celle
de Démétrius et de Hæstiæa, et à
quoi cela se réduit-il ? A prouver que
la nouvelle Ilium n'est pas Troye, et
que cette ancienne ville est tellement
détruite qu'ils n'ont pu la trouver.
C'est ce qui paraît à M. Bryant un
argument irrésistible. « Il est proba-
« ble, dit-il, que Strabon l'a vue (1)
« Εἰκότως, car lorsque tout ce canton
« fut ruiné et les autres villes ravagées
« sans être tout-à-fait détruites,
« Troye, dont il ne restait aucun
« vestige, fournit des matériaux pour
« réparer les autres, dont l'une était
« Sigée ». On nous dit dans la page
suivante, que Démétrius (2) accusa
Timée d'avoir commis une erreur
grossière en assûrant qu'un village des
environs, nommé *Achilleum*, avait
été bâti par Périandre, avec des pier-

***

(1) *Strabon*, l. XIII, p. 599.
(2) *Id. ibid.* p. 600.

res prises à Troye. La nature de ces
pierres, ajoute t-il, n'est pas la même
que celle des pierres de Troye; circonstance qui prouve qu'il la connaissait
bien. Ce témoignage est celui d'un
homme né dans le pays même; et s'il
n'a pu trouver la ville, il paraît au
moins qu'il en a trouvé les matériaux.

Stésichore, auteur qui existait avant
Hérodote, avait la même opinion que
lui, dit M. Bryant, puisqu'il soutient
qu'Hélène ne s'est jamais embarquée.
D'abord, Hérodote nous a dit qu'elle
était en Egypte, et je ne conçois pas
trop comment elle eût pu s'y rendre
autrement, à moins de faire un cir-
cuit assez extraordinaire et fort inutile. En second lieu, Stésichore flo-
rissait dans la quarante - deuxième
olympiade. Anaxagoras et Métrodore
n'étaient donc pas les plus anciens auteurs qui eussent écrit sur ce sujet,
comme on nous l'a certifié quelques

pages plus haut. Il y a d'ailleurs une anecdote aussi sur le compte de Stési- chore. On dit que Vénus l'aveugla pour avoir blasphémé, et qu'il se ré- tracta de tout ce qu'il avait écrit. Il est facile d'en conclure que toute son histoire n'est pas très-authentique, et nous ne pouvons y croire impli- citement. Mais quand même Vénus ne l'eût pas aveuglé, nous avons au- tant de raison de nous fonder sur sa rétractation que sur son premier ou- vrage. Et si M. Bryant s'appuie si fortement sur celui-ci, nous avons les mêmes droits de lui opposer la palino- die de l'auteur. Nous ne connaissons l'ouvrage que sur la citation de Dion Chrysostôme, qui, comme M. Bryant, soutenait une hypothèse. Mais c'était une hypothèse dont celui-ci ne pourrait tirer grand avantage ; car bien loin de nier l'existence de Troye dans la Phry- gie, le silence d'Homère lui fait croire au contraire, que cette ville a été préservée de l'embrâsement, et que les Grecs n'ont quitté ces rivages qu'après une entière défaite, et comme de vils fugitifs. Cette opinion cependant ne l'empêche point de respecter les récits d'Homère. Tout en rêvant d'insipides hypothèses, son imagination s'égaie et il avance des systêmes qui, absolument étrangers au dessein de l'Iliade, ne peuvent être ni appuyés, ni contredits par son autorité.

Cette supposition offre de si nombreux caractères de plaisanterie, qu'il est vraiment singulier de la voir recueillie, approuvée et citée à tout moment par un écrivain aussi grave que M. Bryant. Quant à ce dernier, je crois être entré dans les plus grands détails pour répondre à toutes ses objections, et je finirai par lui opposer la citation dontil se sert lui-même avec tant de présomption. Peut-être offrirat-elle au lecteur un sens bien différent de celui que M. Bryant lui attribue.

Cujusvis hominis est errare ; nullius nisi insipientis, in errorem persevé-rare.

Dans le chapitre suivant (1), M. Bryant passe en revue le nombre immense des colonies qui, dans les siècles suivans, se dirent fondées par les vainqueurs et les vaincus de cette époque mémorable. Il examine aussi les autels et les autres monumens qu'ils ont (contre toute probabilité, dit-il) laissés dans plusieurs endroits de l'Europe. C'est précisément sur cela que l'on a fondé, et certainement avec raison, les preuves de la réalité de la guerre de Troye ; non pas, à la vérité, d'après l'authenticité de ces établissemens, mais d'après l'opinion générale qu'aurait fait naître même leur suppo-

____

(1) *Bryant*, sur l'argument au sujet des nombreux souvenirs de la guerre de Troye, que l'on suppose avoir existé en différens endroits du globe, p. 92 ; et corollaire *id.* p. 98.

sition , quelque fausse qu'elle eût pu
être. Si nous parvenons à expliquer la
vanité nationale de ces établissemens ,
dans les siècles suivans , nous ne pouvons le faire qu'en reconnaissant la
vérité de l'idée première sur laquelle
ils la fondaient. Car il est évident que
les colonies qui prétendaient tirer leur
origine d'Enée , de Diomède ou de
Ménélas , étaient certainement per-
suadées que ces personnages avaient
existé. Elles s'accordent aussi à les
placer en Phrygie, ainsi que Troye ;
et le cadre général de leur histoire est
le même que celui de l'Iliade. Néanmoins, leur vanité peut en avoir changé
quelques détails particuliers qui ne
s'accordaient pas avec leurs préten-
tions nationales. Mais si nous revenons à Homère , nous trouverons dans
la simplicité de son récit , bien peu de
faits improbables , bien peu d'événemens qui puissent être démentis. Enée
a vécu et régné dans la Troade : la

tradition des Scepsiens confirme cette opinion. Quant aux autres histoires, elles n'ont rien d'incompatible. Il est très-possible qu'il y ait eu plusieurs colonies fondées; car les vainqueurs furent, en bien des endroits, vaincus en retournant chez eux. Chassés de leur pays comme ils avaient chassé les Troyens, les uns et les autres durent chercher un asile quelque part. Telle était fréquemment l'origine des colonies dans les premiers siècles, à moins que nous ne devions rejeter le témoignage universel des anciens, pour adopter de préférence celui de M. Bryant, en faveur des Tyriens, des Sydoniens et des Cuthites.

Dans un autre chapitre très-singulier (1), M. Bryant fait l'énumération des héros que l'on adorait, ou plutôt que l'on révérait dans différen s pays,

____

(1) Concernant les héros qui furent déifiés.

où ils recevaient des honneurs héroïques qu'ils avaient, dit-il, bien peu de
droit d'en attendre. Il les cite principalement d'après le « *Latebræ Lyco-*
phronis atri, » dont l'extrême obscurité est universellement reconnue. Il
conclut que les objets (1) de ce culte
étaient des dieux dont Homère a pris
les attributs et les titres secondaires,
pour les donner à ses héros. Peut-on

---

(1) Le plan général de Lycophron est très-
manifeste et s'accorde avec Homère. Un mes-
sager apprend à Priam les prophéties de sa fille
Cassandre détenue en prison, et par sa δυσφητοι
αινιγματων οιμαι. La scène et les caractères sont
assez évidens. La scène est en Phrygie, les personnages Grecs et Troyens. Ceci mérite d'autant
plus attention, que le poëte vivait en Egypte sous
Ptolémée Lagus, et cependant il ne pouvait
avoir aucune tradition égyptienne, quoique par
un goût naturel pour les recherches et les
sciences anciennes, il pouvait mieux qu'aucun
autre homme, découvrir et faire connaître les
erreurs de ses compatriotes.

supposer qu'Homère (1), l'observateur le plus exact des usages de son tems, ait donné à des personnages supposés, des noms inusités ou inconnus à ses contemporains? Pour quelle raison ces noms n'auraient-ils pas été réels alors? Mais si ces êtres supérieurs, que l'on adorait ainsi, étaient les héros d'Homère, ce fait ne prouverait-il pas tout-à-la-fois et leur existence et leur célébrité? Dans l'un et l'autre cas, il est impossible à M. Bryant de rien inférer de ces dates, qui ne soit absolument contraire à son système.

Plusieurs pages plus loin, M. Bryant est entièrement persuadé qu'Homère n'était pas Asiatique, mais Grec. Probablement, ajoute-t-il, il était natif d'Ithaque et Egyptien d'origine. M. Bryant avait déjà insinué cette conjecture; mais j'avais évité de la discuter,

---

(2) *Voyez* les notes sur Agamemnon, p. 59.

parce qu'une simple conjecture ne mérite point de réponse. J'en ferai de même ici. J'avoue cependant qu'il est flatteur pour moi d'être d'accord avec lui, au moins sur un point ; j'avoue que je ne connais aucune autorité réelle qui contredise ou qui confirme cette assertion de sa part. D'ailleurs, je puis, sans crainte, lui donner ici au moins un assentiment tacite, puisque, dans tous les cas, je ne vois pas quelle conséquence il en pourrait tirer en faveur de son hypothèse.

Après avoir détruit, d'un bout à l'autre, l'enchaînement prétendu des témoignages qu'il invoque, je finirai par une conclusion diamétralement opposée à celle de M. Bryant. Si Homère porte tous les caractères de la vérité ; si, ni Varron ni Justin ne lui contestent sa véracité ; si le sujet de la guerre de Troye est probable et naturel ; si la force de cette armée et la conduite de la guerre sont telles qu'on a droit de l'attendre ; si Thucydide, Diodore et Hérodote en confirment la relation ; si l'énumération des Grecs et de leurs vaisseaux est croyable ; si tout ce qu'on peut découvrir de leurs expéditions dans la Troade est d'accord avec la nature ; si leur correspondance avec la Grèce, l'âge d'Hélène , ses amans , ses prétendans ; si tout cela ne prouve rien contre le fait ; si l'objection contre les matelots d'Arcadie est sans fondement; si les tranchées , si les remparts des Grecs dans la plaine de Troye étaient tels qu'ils aient pu facilement être détruits ; si les objections topographiques qu'on nous fait sont toutes fondées sur des notions erronées , ainsi que je vais essayer de le prouver, il s'ensuit nécessairement que toutes les conclusions que l'on s'est efforcé de tirer de ces divers points historiques, sont détruites : et par conséquent, Troye peut avoir existé malgré l'opposition de M. Bryant. Il semble, d'ailleurs, qu'il y ait encore moins de raisons de supposer qu'elle ait existé en Egypte. Aux conjectures de M. Bryant sur la vie et les écrits d'Homère, on pourrait en opposer d'autres ; mais comme ces conjectures-là, dans le fait, ne prouvent rien, elles ne méritent aucune réponse. La connaissance qu'Homère a de l'Egypte, est un motif bien léger pour en tirer de telles conséquences. Parmi les auteurs qui ont écrit sur ce sujet, un seul (Phantasia) passe pour Egyptien, et son nom même réfute cette opinion. Aucun n'a placé Troye hors de la Phrygie, avant ou depuis Phantasia ; et si cette ville appartenait à l'Egypte, un pareil accord parmi ces écrivains, en faveur de la Phrygie, est absolument incroyable. Il nous faut donc supposer que Phantasia écrivit sur une histoire grecque ; ou qu'Homère, Syagrius, Dictys, Darès et les autres auteurs grecs prirent un sujet égyptien. Ces

deux suppositions sont également absurdes. Les anciennes traditions sont
en général toujours en contradiction
sur les détails. Il nous en est parvenu
un grand nombre sur Homère. La plus
grande partie lui est postérieure ; et
leur liaison, leur concordance portent tous les caractères de la vérité. Il
est à observer qu'aucune de ces traditions, de ces histoires, soit ancienne,
soit moderne, n'avait encore transporté
Ilium, de la Troade en Egypte, et
que M. Bryant est le premier qui l'ait
fait. Si j'ai répondu d'une manière satisfaisante à ses objections sur les noms
et sur le culte qu'Homère a attribué à
la Phrygie ; s'il est probable que les
noms empruntés, dit-on, des dieux par
Homère étaient alors les noms ordi-
naires de son pays ; si l'étymologie
égyptienne d'Agamemnon est hasardée, et si les autorités que M. Bryant
réclame sont au contraire contre lui
quand elles sont citées de bonne foi ;

si les monumens qu'on a trouvés dans
les différentes parties du monde , si la
déification des héros d'Homère ne font
que confirmer l'opinion généralement
reçue, n'en doit-on pas conclure que
les raisonnemens de M. Bryant ne renferment pas des preuves assez claires
pour nous déterminer à penser que les
scènes de l'Iliade aient eu l'Egypte pour
théâtre , et qu'elles aient été étrangères
à la Phrygie ? Nous avons, au contraire,
bien des raisons pour croire l'opinion toute opposée.

Je crois avoir prouvé qu'Ilium n'a
pas existé en Egypte. J'avais auparavant fait voir qu'il n'y a aucune raison
de douter de la véracité de l'histoire
ancienne , au sujet de la guerre de
Phrygie. Je vais maintenant employer
tous mes efforts pour convaincre le
lecteur , que Troye a existé , et dans
le lieu même où Homère l'a placée.

CHAPITRE II.

Voyage de M. Morritt dans la Troade.

De tous les argumens dont on a fait usage pour défendre les anciens historiens, les meilleurs, sans contredit, sont ceux que fournit le rapport immédiat de leur topographie avec l'état actuel des pays qu'ils ont décrits. Leur exactitude, dans les choses dont nous pouvons juger, doit nous porter à croire qu'ils n'en ont pas manqué dans celles que nous ne voyons pas, et qu'ils nous ont transmises sans éprouver de contradiction. A cet égard, il n'est point d'historien, quelque exact qu'il soit, que l'on puisse comparer à Homère. L'ouvrage de M. Lechevalier nous a prouvé qu'avec le secours de

l'Iliade, la plaine de Troye offrait encore beaucoup de détails intéressans,
et qu'elle pouvait, bien plus qu'on ne le
pensait généralement, fournir matière
à des observations ingénieuses. Son
livre a trouvé des incrédules à combattre ; mais c'est et ce sera toujours le
sort de toutes les découvertes importantes de ce genre, lorsqu'elles ne sont
pas soutenues par le concours de quelques autres observations qui s'accordent avec elles. Je m'estime heureux
de joindre ici mon témoignage au sien ;
car si je diffère peut-être quelquefois
avec lui dans les conjectures, cependant je déclare que je l'ai toujours
trouvé exact, quant aux faits. J'ai par-
couru tout le pays, son livre à la main,
et je l'ai examiné avec toute l'attention
possible. Mais avant d'aller plus loin,
qu'il me soit permis d'engager le lecteur à consulter la carte que j'ai dres-
sée. Je le prie d'y revenir souvent dans
tout le cours de ce traité. Elle est par-

faitement d'accord , sur tous les points avec celle de M. Lechevalier ; et à cela près de quelques inadvertances que j'ai corrigées dans la mienne , j'ai trouvé celle de ce voyageur aussi exacte que celle de M. Bryant est erronée et défectueuse. Pour prouver plus clairement et plus positivement ce que j'avance à ce sujet , je préviens le lecteur , que considérant *à priori* les situations et les monumens que les écrits d'Homère nous donnent l'espoir de retrouver , je démontrerai que nos vœux à cet égard peuvent presque toujours se réaliser ; et je répondrai ensuite aux objections que M. Bryant a faites à la topographie de notre poëte , dans son dernier ouvrage et dans celui qu'il a précédemment publié sur le même sujet.

Homère nous représente les armées fréquemment aux prises , dans une plaine située entre Troye et les vaisseaux ; et dans tout cet espace , il ne

paraît pas qu'il y eût aucun défilé,
aucune gorge de montagne (1); car il
n'eût pas manqué d'en faire mention,
puisque cette localité aurait entièrement changé l'ordre et la nature des
combats qu'il a décrits. Cette plaine
était arrosée de deux rivières (2), le
Simoïs et le Xanthe. Elle était dominée
d'un côté, par la chaîne de l'Ida (3),
puisque le mont Gargarus, l'un de ses
sommets, commandait la ville et la
plaine. Près de la ville et du Simoïs,
était une partie de l'Ida, nommée *Callicoloné*, ou *la Belle-Montagne* (4).
La plaine se terminait, de l'autre côté,
à l'Hellespont (5) et à la pleine mer,

(1) *Homère*, Il. II, v. 465–812.

(2) Junon et Minerve descendent à leur confluent, *Homère*, Il. V, v. 774.

(3) *Homère*, Il. VIII, v. 47. — *Ibid.* XI,
v. 183. — *Ibid.* XIV, v. 157. — *Ibid.* XV, v. 5.

(4) *Homère*, Il. XX, v. 53.

(5) Le camp des Grecs était près de l'Hellespont, Il. XVII, v. 432 et suiv.

ainsi qu'on en peut juger par les descriptions qu'on nous donne d'un immense Océan (1); descriptions qui ne
sont pas applicables au détroit d'A-
bydos. L'étendue de cette plaine était
assez grande pour contenir deux armées, l'une de cinquante l'autre de
cent mille guerriers, rangées en ordre
de bataille (2); et même lorsqu'elles
combattaient près des vaisseaux (3), la
plaine était assez vaste pour qu'elles se
trouvassent alors à une grande distance
de la ville. Si Troye avait été très-rap-
prochée du rivage où se trouvaient
les vaisseaux grecs, il eût été inutile
aux Troyens de camper près du Scamandre et du tombeau d'Ilus. Mais

---

(1) *Homère*, Il. 1, v. 34.-327.—*Ib.* XXIII,
v. 230. Cette mer y est nommée Θρηικιος πονλος,
mer de Thrace.

(2) *Homère*, Il. v. 543. x. τ. λ.

(3) Εκαθεν πολεως κοιλης επι νηυσι. Il. v, v. 791.
Il. XVIII, v. 256.

Hector nous donne la raison de ce campement. « Autrement, dit-il, les Grecs tenteraient peut - être de s'échapper pendant la nuit (1). » La ville n'était donc pas dans une situation d'où elle pût commander le camp des Grecs. Il n'est pas inutile d'observer ici que le tableau topographique de l'Hellespont, tracé par Homère, est celui qu'ont adopté tous les autres écrivains qui n'ont voulu peindre seulement que le détroit d'Abydos. M. Bryant prétend (2), au contraire, qu'ils sont très - différens les uns des autres. « Homère, dit-il, prend pour l'Hellespont la partie supérieure de la mer Egée, qui baignait à l'est la côte de Mysie.» Je ne saurais comprendre comment la mer Egée, située, comme on sait, à l'occident

------

(1) *Homère*, Il. VIII, v. 510.

(2) *M. Bryant*, sur la guerre de Troye, p. 157.

de l'Asie mineure, peut borner une province asiatique à l'est. Quoi qu'il en soit, Homère nomme l'Hellespont πλατυς, c'est-à-dire, large, αγαρροος, rapide, απειρων (1) qu'on ne traverse que difficilement. Mais ici, *large* n'est qu'un mot comparatif, employé dans un sens relatif aux rivières et aux autres canaux resserrés. Le mot *rapide* n'est pas une épithète de la mer ; il s'applique particulièrement à l'Hellespont, détroit où règne un courant très - rapide, απειρων, que M. Bryant

-----

(1) *Sigea igni freta lata relucent.* Virgile.

On observera que *fretum* veut toujours dire un détroit. En conséquence, Virgile emploie le mot *lata* exactement dans le même sens qu'Homère emploie celui de πλατος, et tous les deux l'appliquent au détroit des Dardanelles, peut-être plus particulièrement à la partie la plus proche du promontoire de Sigée, parce que, comparée aux parties situées au-dessus de la Troade, elle est plus large.

traduit par l'épithète *sans bornes*. Ce
mot signifie seulement détroit où les
vaisseaux ne naviguent que difficilement (α privatif et περω *transeo*)
απειρων, ω Κιθαιρων υκ εσει ταν αυριον πανσελανον,
est une manière de s'exprimer de Sophocle (1). Le poëte s'est servi de
ce mot, selon le sens que je viens
de lui donner ; et cette épithète est
appliquée au mont Citheron. Quoi
qu'il en soit, la mer (2) avoisinait le
camp des Grecs αλς θαλασσα, principalement le poste d'Achille : et je me propose de prouver que cette description
est vraie. « Mais, dit M. Bryant, ces
« mots Ελλης ποντος (3) emportent l'idée
« d'une grande étendue de mer. » Les

---

(1) *Sophocle*. Œdip. *tyrannus*, l. MLXXXVIII
et suiv.

(2) *Voyez* la note sur la pag. 79 du texte.

(3) *M. Bryant*, sur la guerre de Troye,
p. 159.

Grecs (1) entendaient donc bien peu leur propre langue , puisque plusieurs siècles après , ils donnaient ce nom au détroit d'Abydos ; et les inventeurs de l'histoire de Hellé sont donc bien mal-adroits , puisqu'ils lui faisaient risquer de traverser une étendue deux fois aussi grande sur le dos d'un bélier. Il est d'ailleurs prouvé que tous les autres auteurs ont donné le nom d'Hellespont au détroit d'Abydos ; et lorsque M. Bryant somme ses adversaires de lui démontrer que c'était là l'Hellespont d'Homère , il me semble que c'est à lui de prouver que ce ne l'était pas.

Le 6 novembre 1794 , j'arrivai de Lesbos à la partie méridionale du mont Ida , accompagné de quelques

____

(1) *Voyez* Héro et Léandre de Musée, Pausanias, Strabon, et enfin tous les auteurs qui en ont parlé ; car de tous ceux que cite M. Bryant, aucun ne contredit cette version.

Anglais (1). Nous débarquâmes à peu près à vingt milles au-dessous de Lectum, aujourd'hui le cap Baba, dans le golfe Adramytti. Les montagnes s'élèvent graduellement du promontoire de Lectum en longues chaînes, qui se réunissent sur la droite à un sommet élevé, l'ancien Gargarus : puis courbant leur direction vers le nord, elles forment une masse déserte, sauvage, au-dessus de Scepsis et d'Ené. C'est là que le Simoïs prend sa source, ainsi que plusieurs autres rivières. Nous laissâmes ces montagnes sur la droite, et nous traversâmes l'autre chaîne sur le bord de la mer à Alexandria-Troas, qui se nomme aujourd'hui *Eski-Stambol*. Des vallées agréables, des rochers sauvages, des torrens semblables à ceux des Alpes, caractérisent l'Ida (2) Ἴδην πολυπίδακα

____

(1) M. Dallaway et M. Stockdale.

(2) « Le mont Ida, arrosé de mille sources et peuplé de bêtes fauves ».

μήτερα Θηρῶν. Mais aucune rivière ne se jette ici dans la mer Égée ; et ceux qui, trompés par M. Bryant, y chercheront le Simoïs et le Scamandre, ne parviendront jamais à y découvrir ni des plaines ni des rivières. Nous nous sommes toujours tenus à quelques milles du rivage, et souvent nous avons vu la mer. Les cîmes de l'Ida s'élèvent brusquement sur la mer des deux côtés du Lectum ; et plus on pénètre dans les terres, plus le pays devient montueux. Au-dessus d'Alexandrie, le talus de la montagne s'adoucit du côté de la mer. Au pied de ce talus, et autour du port qui s'y trouve, était autrefois Alexandria-Troas : on en voit encore les ruines. Tous les voyageurs se sont accordés à dire que ce n'était pas là où Troye avait été, et la vérité est qu'il n'y a point de plaine. Les petits ruisseaux qui s'écoulent de quelques bains derrière la ville, et qui se réunissent dans

la vallée aride qui s'étend de là jusqu'à la mer, ne peuvent être pris pour
le Simoïs ni pour le Scamandre. Belon,
qui crut y reconnaître Troye, avoue,
et avec beaucoup de raison, que le
Simoïs (1) et le Xanthe (car c'est ainsi
qu'il appelle ces deux petits ruisseaux)
sont aujourd'hui si diminués, qu'à
peine le plus petit poisson pourrait
y vivre. Ils sont entièrement à sec
dans l'été ; et dans l'hiver, il n'y a pas
assez d'eau pour y faire nager une oie.
Telles sont les rivières qui, sur cette
partie de la côte, viennent à l'appui
de l'hypothèse de M. Bryant. Depuis
cet endroit, le rivage se compose d'une
longue chaîne non interrompue de
petits monticules. Ainsi traversée par
quelques faibles courans, elle s'étend
jusqu'à l'embouchure d'une petite
rivière que je démontrerai être le
Scamandre. Immédiatement après,

____

(1) Voyages de Bélon, l. ii, ch. vi.

on trouve le cap Janissaire, le Sigée
des anciens : et dès-lors la côte devient
plate, et forme une plaine parfaite qui
s'étend à la distance d'environ trois
milles le long du rivage de l'Hellespont.

C'est ici que l'on reconnaît les caractères du lieu où Homère a placé la
scène de l'Iliade, ainsi que nous l'a-
vons dit dans le commencement de
ce chapitre. C'est ici qu'un grand
fleuve apporte à la mer Egée le tribut
de ses flots. Nous avons parlé d'un
autre plus faible qui venait aussi y
terminer son cours. Cette plaine est
bornée à l'ouest par l'Hellespont et
le fougueux Océan. Θαλασσα πολυφλοισβος.
Derrière la plaine, s'élève l'Ida, qui la
renferme entièrement. Elle offrait aux
deux armées un vaste champ de bataille : le port et le camp des Grecs
devaient être, dans ce cas, près de
l'embouchure du Simoïs. La plaine
a dans plusieurs endroits environ

quatre milles de large, et j'estime que
sa plus grande longueur est à peu près
neuf milles. La géographie de cette
plaine est donc généralement d'accord
avec Homère sur tous les points; et
comme ce poëte ne parle jamais du
cap Sigée (1), ni du cap Rhétée, il
n'est pas de mon sujet de les nommer
ici, et de les assigner pour bornes
à la plaine. Je parlerai, dans la suite,
de ce que les autres anciens auteurs
ont écrit sur ces deux promontoires : mais nous sommes arrêtés ici
par une objection de M. Bryant (2),
qui reproche à la géographie dont nous
venons de parler, de placer le mont
Gargarus à une trop grande distance
de la plaine. Il prétend que Lectum et
Gargarus sont la même chose, quoique

---

(1) *Voy.* les observations de M. Bryant sur un
Traité, etc. p. 5.

(2) *Bryant*, sur la guerre de Troye, p. 160
et suiv.

Strabon et Homère soient d'un avis
contraire. Ouvrons le premier , et
voyons ce qu'il dit du Lectum. Il s'exprime en ces termes (1) : « Homère
« décrit bien le Lectum. Il dit, avec
« raison, qu'il fait partie de l'Ida, et
« que lorsqu'on vient de la mer , du
« côté des montagnes d'Ida, c'est le
« premier point de débarquement que
« l'on rencontre Αποβαβις. Après avoir
« parlé des projections les plus avan-
« cées de l'Ida , savoir Lectum et Ze-
« leia, il décrit aussi exactement le
« sommet du Gargarus, un sommet
« élevé (2) ; et même à présent, dit-
« il, dans la partie la plus élevée de
« l'Ida (3) (le Gargarus), on ren-

----

(1) *Strabon*, l. 13 , p. 583 et 584.

(2) Un sommet élevé..... Il y a dans l'original : ακρον 7ορον.

(3) *Lucus in arce fuit summá.* En. IX, v. 36.
Hoc est apud Gargara , quæ dicta sunt quasi
καρα κρατος, *id est, caput capitis ; altitudinis*

« contre Gargara, ville d'Eolie. »
Dans la page suivante, on trouve ce
calcul : « Après le Lectum (1) est la
« ville de Polymédium, éloignée de
« quarante stades. On trouve ensuite
« un petit bocage à quatre-vingts stades
« plus loin, et Gargara à cent quarante
« stades au-delà. » Ainsi, du Lectum
au mont Gargarus, la distance est de
deux cent soixante stades, c'est-à-dire,
sans discuter la mesure prise du stade,
à-peu-près trente milles, distance plus
grande que celle de Gargarus à Troye.
Cependant, M. Bryant prétend que
puisque Homère place Jupiter sur le
Gargarus pour voir la ville et la plaine,
cette dernière devait s'étendre au pied

---

altitudo. καρα *est* κεφαλη, *Gargara autem sunt
montis Idœ cacumina, propter quod dixit in
arce summá.* Servius. *Voy.* aussi Macrobe et
Lactance, le commentateur de Stace.

(1) *Strabon* , liv. 13 , p. 606.

de la montagne. Strabon, dit-il (1), donne à peu près cinquante milles à la côte, depuis Lectum jusqu'à Abydos. Ilium était à un peu plus de la moitié, c'est-à-dire, à deux cents stades, ou vingt-six milles, environ. Il ajoute en même tems, que tout le pays était sillonné de chaînes de montagnes qui interceptaient la vue et l'empêchaient de s'étendre au loin. Le lecteur voudra bien observer que M. Bryant raisonne comme si la vue du haut du Gargarus était la même que celle de Lectum, tandis que ces deux endroits sont éloignés de trente milles l'un de l'autre. Nous lisons que le Gargarus était beaucoup plus élevé, et plus voisin de la ville de Troye; car le Lectum se projette à l'ouest dans la mer Egée. Mais en supposant même qu'il fût question du point de vue du cap Lectum, l'auteur

____

(1) *Bryant*, sur la guerre de Troye, p. 163 et 164.

qu'il invoque réfute tous ses argumens.
Au même endroit où M. Bryant a pris
sa citation , Strabon finit ainsi le
passage que l'on veut nous retrancher :
« Il y a sur le Lectum (1) un autel des
« douze dieux : on l'appelle le temple
« ou le siége d'Agamemnon , ἱδρυμα. Cet
« endroit est à la vue d'Ilium ενεποψει,
« et à la distance de deux cents stades,
« ou même un peu plus. » Où sont
donc les montagnes décrites si à-propos
par M. Bryant ? Si on pouvait apercevoir d'Ilion l'autel du Lectum , à
plus forte raison les yeux de Jupiter
pouvaient-ils découvrir Ilion du haut
du Gargarus. Sa situation est plus élevée
et la distance est plus petite. La vérité
est que la topographie actuelle de tout
ce pays confirme Strabon de manière à
ne pas laisser lieu à la plus légère contradiction. Vers le sud de la plaine,

---

(1) *Strabon*, liv. XIII, p. 902.

les montagnes s'élèvent graduellement jusqu'au Gargarus. Cette éminence est le trait le plus prononcé (1) dans le profil des montagnes d'Ida, et c'est le seul qu'on puisse voir de la plaine. Homère le regardait comme le point le plus élevé de l'Ida ; voilà pourquoi il le choisit pour en faire le trône du roi des dieux. Il peut être à vingt-cinq milles de l'Hellespont et domine sur tout le pays. La situation était encore d'autant plus convenable, que ce dieu était la divinité tutélaire de la ville de Gargara. ενθα δε οιτεμενος τε βωμος τε θυηεις (2). Au surplus, si le lecteur veut savoir quelle est la vue perçante qu'Homère (3) attribue à ces dieux, voici ce qu'il dit de Neptune dans l'Iliade : « Les yeux « de Jupiter ne se reportant plus aux

____

(1) *Voy.* la vue du promontoire Sigée.

(2) Où il avoit un temple et un autel.

(3) Οξυς θεαν οφθαλμος εις τα παντα ιδειν. *Eurip. ex Stobeo.*

« rives d'Ilion , il ne craint point
« qu'aucun des dieux aille , au mé-
« pris de ses lois , donner à l'un des
« partis un secours qu'il réprouve.
« Mais Neptune l'observe ; Neptune
« a lu dans ses regards et dans sa
« pensée. Du sommet d'une montagne
« de Samothrace qui commande l'Ida,
« la flotte des Grecs et la ville de
« Priam , le souverain des mers con-
« templait la scène des combats (1). »

M. Bryant verra sur la carte du pays,
que ce coup-d'œil de Neptune partait
d'une distance bien plus considérable
encore que celui de son frère Jupiter.
Ainsi , puisque le sommet élevé du
Gargarus peut se voir de la plaine,
et qu'il forme le principal trait de ce
païsage , il me semble que j'ai répondu
à toutes les objections de ce genre :
et le lecteur admirera sans doute la

____

(1) Il. XIII. Trad. de Lebrun.

noblesse avec laquelle Homère dépeint le souverain des dieux ; ce qu'il n'eût pas fait peut-être, s'il s'était conformé au systême étroit de M. Bryant.

La même précision qui, dans l'Iliade, détermine si correctement la situation de la plaine, s'observe encore dans les différentes épithètes et dans les descriptions que ce poëme renferme. La fertilité de cette plaine est plus d'une fois citée, et tout le district de Troye est généralement représenté comme un terrein riche et productif, Τροιη εριβωλαξ. La partie la plus basse de la plaine est ordinairement décrite comme remplie de roseaux et de plantes aquatiques, produites vraisemblablement par un marais qui se trouve au confluent des rivières. Homère (1) en fait mention une fois dans le vingt - unième livre. C'est ainsi que, dans l'excursion noc-

_____

(1) *Hom.* Il. XXI, v. 317. Τα πε μαλα νειοθι λιμνης
Κειτ’ υπ ιλυος κεκαλυμμενα.

turne de Diomède et d'Ulysse, celui-ci
suspend les armes de Dolon aux bran-
ches d'un tamarin Μυρίκη (1); et pour
reconnaître le chemin par lequel
il doit revenir, il le sème de bran-
ches (2) de myrtes, et de roseaux ar-
rachés, Δοναχες. Les différens caractères
du Simoïs et du Scamandre sont encore plus particulièrement décrits, et
toujours avec la même exactitude. Ils
réunissaient leurs eaux dans da plaine ;
car dans le cinquième (3) livre, Junon
et Minerve viennent se placer à leur
confluent. Le Scamandre prenait sa
source dans la plaine, près des portes
Scées : il coulait de deux sources qui
sont décrites de la manière suivante
au vingt-deuxième livre de l'Iliade (4).

---

(1) *Homère*, Il. l. x, v. 466.

(2) Μυρίκη est encore mentionné. Il. XXI, v. 18.

(3) *Homère*, Il. v, v. 774.

(4) *Id.* Il. l. XXII, v. 147 et suiv.

« Bientôt ils arrivent aux lieux où ,
« par deux bouches, leXanthe épanche
« les trésors de sa source. L'une ré-
« pand une onde bouillante qu'envi-
« ronne une épaisse fumée ; l'autre ,
« au milieu de l'été , verse des flots
« plus froids que la neige ou la glace.
« Là , sont de vastes bassins, où, dans
« les jours de la paix , avant que les
« Grecs eussent désolé ces rivages, les
« Troyennes venaient rendre à leurs
« vêtemens leur éclat et leur beauté. »

La situation de ces sources au pied
de l'Ida , les garantissait contre la sé-
cheresse (dans les chaleurs de l'été),
parce que leurs eaux étaient constamment alimentées par les vapeurs que
les montagnes interceptaient , et qui
filtraient au travers des terres pour
se réunir sur un point. Mais les torrens des montagnes, formés seulement
par les pluies de l'automne et par la
fonte des neiges au printems, dispa-
raissent toujours pendant l'été dans

ces climats méridionaux. Les épithètes
qu'Homère donne au Scamandre, dans
divers endroits de son ouvrage, sont :
αγλαον υδωρ, καλα ρεεθρα, ανθεμοις, γιοεις, αργυ-
ροδινης, δινηεις, ευρρειος, ευρροος, et une ou deux
fois sur - tout dans le vingt - unième
livre (1). βαθυδινηεις et μεγας ποταμος βαθυδινης.
La prairie qu'il traverse est aussi
nommée, *le pré fleuri du Scamandre* (2). Homère parle moins souvent
de l'autre rivière ; cependant on en
reconnaît quelques caractères dans
l'Iliade. Le Xanthe invoque ainsi son
allié le Simoïs, au vingt-unième livre,
vers 308 (3).

« Viens mon frère, lui dit-il, que
« nos flots réunis arrêtent ce mortel
« furieux qui poursuit les Troyens, et
« qui bientôt anéantira la ville de

---

(1) *Homère.* Il. l. XXI, v. 15-329 et suiv.
(2) Εςαν δ'εν λειμωνι Σκαμανδριω ανθεμοεντι. Il. II,
v. 467.
(3) *Homère.* Il. l. XXI, v. 308 et suiv.

« Priam. Viens me seconder ; romps
« toutes tes digues, rassemble toutes
« tes eaux, roule les pierres, les ro-
« chers pour accabler ce farouche
« vainqueur, qui ose s'égaler aux
« dieux. »

On trouve au septième livre la description suivante :

« Le profond Simoïs roule à la mer
« des casques, des boucliers et des
« héros morts, qui ressemblaient à
« des dieux. » On voit donc que, d'un
côté, on nous représente le Scamandre comme un beau courant d'eau
claire, et sur-tout comme intarissable,
c'est-à-dire qu'il coule toute l'année,
tandis que, de l'autre côté, on nous
peint le Simoïs comme un torrent
impétueux qui se précipite des montagnes, et roule dans ses flots des
rochers, des arbres et des cadavres. Il
paraît aussi qu'au-dessous du confluent,
les eaux réunies de ces deux fleuves
prenaient le nom de Scamandre ; car

dans le passage que nous venons de citer
au vingt-unième livre de l'Iliade ; le
Xanthe appelle le Simoïs à son secours :
ce qui aurait été fort inutile, si la bataille s'était donnée au-dessus du confluent. Il n'est dit nulle part, que le
Simoïs prenne sa source dans la plaine.
Le passage que nous venons de citer,
prouve au contraire qu'il recevait dans
son cours, les eaux de plusieurs ruisseaux. Cependant M. Bryant prétend
que M. Lechevalier s'est trompé dans
toute cette description(1). Les épithètes
de δινήεις, εὔρροος, εὐρρείος lui prouvent
que le Scamandre était beaucoup plus
grand qu'on ne le décrit ici ; et il observe que le poëte grec ne donne aucune épithète à ce qu'il nomme l'*i-
gnoble* Simoïs, le *subalterne* Simoïs.
Le lecteur pourra remarquer que

---

(1) Observations sur un traité. *Bryant*, p. 29
et 30.

M. Bryant n'est pas aussi avare d'épithètes envers ce fleuve, que le poëte qui
en a décrit les caractères. Il paraît par
le passage que nous avons déjà cité, que
le Simoïs n'était pas toujours *subalterne*
et *ignoble*. Ιςη δ'εμεγα κυμα, πολυν δ'ομυραγδον
ορινε Φιτρων κỳ λαων. Voilà précisément ce
que dit M. Lechevalier. Le Simoïs est,
suivant lui, souvent dans cet état ;
c'est un torrent impétueux, très-
considérable dans l'hiver ou après de
fortes pluies ; mais il est fréquemment
à sec dans l'été. Raison très-probable
pour laquelle on croit que les deux
rivières réunies prenaient au - dessous
du confluent le nom du Xanthe, parce
que celui - ci coulait toute l'année.
Quant aux épithètes du Scamandre,
il est possible qu'un courant d'eau
soit tout à-la-fois beau et tournoyant,
δινηεις; ευρροος, ευρρειος. Dans le vingt-unième
livre, la bataille se donne au-dessous
du confluent ; et alors Homère le
nomme, βαθυ δινηεις et μεγας ποταμος βαθυ-

διvης (1). En un mot, si ces épithètes se trouvent dans l'Iliade, elles sont toujours par allusion aux eaux réunies de deux rivières, qui pour lors portaient, comme je l'ai dejà observé, le nom de Scamandre. Voilà cependant tout le fondement de l'accusation d'inconséquence que l'on intente à Homère.

Le Scamandre était aussi à l'ouest de la plaine; et quoique M. Bryant prétende (2) que M. Lechevalier a mal expliqué les combats d'Hector μαχης επ' αριςερα πασης (3), cependant j'observe avec plaisir, que son interprétation

---

(1) *Voyez* ci-dessus, l. IV.

(2) Observation de M. Bryant sur un traité dont le titre est : *Description de la plaine de Troye*, p. 3o.

(3) Il ne peut y avoir de doute que la gauche de la bataille relativement à Hector, ne soit la gauche des Troyens, par conséquent la droite des Grecs. C'est tout le contraire pour Ajax et

est confirmée par Ptolémée (1) , qui , dans sa géographie , les place dans l'ordre suivant : Abydos, Dardanus, Simoïs, Scamandre et Sigée. Le Simoïs était donc plus près de Dardanus , et le Scamandre plus près du Sigée. Ce passage de Ptolémée est cité par M. Bryant lui-même, dans la page suivante. Tels sont les caractères , les points de reconnaissance qu'Homère nous indique dans la plaine de Troye ; et peut-être le lecteur les retrouvera-t-il dans la description suivante.

Dans mon dernier chapitre , j'ai tâché de prouver que la plaine de Bounar-Bachi coïncide avec la situation sup-

---

Idomenée ; et lorsqu'ils sont à la gauche de la bataille , Homère ne les place point οχθας παρ ποταμοιο Σκαμανδρε. Si cet argument avait besoin de confirmation , on la trouve dans Ptolémée.

(1) Géogr. de Ptolém. p. 137.—Observations de Bryant, p. 31.

posée de la plaine de Troye; elle s'y
rapporte aussi parfaitement par la nature de son sol et la situation de ses rivières. En débarquant à Koum-Kalé (1)
où nous revînmes d'une excursion que
nous avions faite à Abydos, la première apparence de la plaine est celle
d'un marais qui s'étend jusqu'auprès
de la mer, et le sol en est par-tout
bas et sablonneux. Un peu à l'est de
Koum-Kalé, une rivière (alors très-
considérable) se jetait dans la mer.
L'embouchure de cette rivière est au
milieu de très-grands marais, et son lit
est lui-même extrêmement bourbeux,
plein de pierres et de sable. Nous la
traversâmes sur un pont de bois, au-
dessus de la ville de Koum - Kalé ;
et dirigeant notre marche vers le
point que M. Lechevalier reconnaît
pour le Rhétée, nous prîmes la vue

-----

(1) *Voyez* la carte de la plaine de Troye.

du monticule que l'on suppose être
le tombeau d'Ajax (1). Dans une des
sections suivantes, je reviendrai sur
ces tombeaux. Le lecteur ne peut
s'empêcher d'observer la forme plate
et basse de la plaine en cet endroit,
ainsi que les longs promontoires que
la rivière a formés par les constantes
alluvions, et les dépôts qui se sont
formés à son embouchure. De là,
nous traversâmes de petites montagnes et une étroite vallée, que l'on
appelle aujourd'hui vallée de Thimbrek, nom qu'on ne peut méconnaître
et qui est infailliblement celle de Thym-
bra d'Homère et de Strabon. Nous passâmes près d'un petit village turc nommé Halil-Eli, et ensuite par un autre
nommé Tchiblak. La plaine qui jusques-là s'étendait au-dessous de nous

______

(1) *Voyez* Lechevalier sur la plaine de Troye.
Sur le promontoire de Rhétée et le tombeau
d'Ajax.

et sur la droite, maintenant dans sa direction à l'est, se déployait devant nous et à nos pieds ; les montagnes à gauche couvertes de bois et de verdure, formaient un coup-d'œil riche et animé. Le sol ici n'est plus marécageux, il est fécond. εριβωλαξ. La rivière que nous avions déjà passée le matin, coulait au pied de ces superbes montagnes qui terminaient la plaine un peu au-dessus. Au-delà de ce point, le cours de la rivière se rétrécit entre deux chaînes de rochers escarpés. Après l'avoir traversée, nous gagnâmes la montagne voisine pour aller à Bounar-Bachi, où nous passâmes la nuit. Le jour suivant au matin, notre premier soin fut d'examiner la nature des sources situées au-dessous du village dont nous dessinâmes la vue. La source froide jaillit par cinq ou six crevasses, au pied d'un rocher qui formait le devant du tableau que nous avions sous les yeux. A peu de distance

de cet endroit sort une autre source,
qui se trouvait alors (1) d'une chaleur
considérable. Ses eaux sont même encore aujourd'hui reçues dans un bassin
de marbre, comme l'étaient celles du
Scamandre d'Homère ; et dans la partie du bassin par laquelle l'eau s'introduit, la température était à peu
près la même que celle des bains
chauds de Bristol. Les Turcs qui nous
avaient accompagnés depuis Bounar-
Bachi, confirmèrent ce que dit M.
Lechevalier ; ils nous assurèrent que
l'eau était beaucoup plus chaude en
hiver, et qu'elle fumait alors très-
visiblement. Si c'était ici le Scamandre, alors les portes Scées étaient près
de ces sources. Mais je reviendrai sur
ce sujet, lorsque je discuterai la situation de la ville. Après avoir observé
tout ce qui pouvait y avoir rapport,
nous suivîmes à cheval le cours du

____

(1) Le 13 novembre 1794.

petit fleuve et le pied des montagnes
qui terminent la plaine au sud et à
l'ouest. Les deux sources, chaude et
froide, se réunissent bientôt et forment dans la plaine un courant d'eau
limpide comme le crystal. Au pied des
montagnes, au-dessous d'Erkessighi,
la plaine redevient marécageuse et se
couvre de joncs et d'autres herbes
aquatiques. De là, nous descendîmes
au Scamandre, que nous traversâmes
sur un pont que nous avions déjà
passé précédemment en venant d'A-
lexandrie. La rivière, après avoir ser-
penté au travers des marais, change
ici tout-à-coup sa direction, et coule
à gauche, au travers d'une vallée,
dans laquelle son lit est parfaitement aligné. La terre est éboulée
des deux côtés sur les rives de ce
canal; ce qui prouve clairement qu'il
est l'ouvrage de l'art (1). En consé-

---

(1) *Voyez* Lechevalier, tom. III, p. 200.

quence, guidés par M. Lechevalier, nous cherchâmes à cet endroit l'ancien lit de la rivière. Nos yeux furent immédiatement frappés d'un canal sinueux, dans lequel le Scamandre verse encore ses eaux quand il déborde. Il est exactement des mêmes dimensions que celui de la rivière à l'endroit où il s'en sépare ; et en suivant les sinuosités de ses bords, nous arrivâmes bientôt à ceux de la grande rivière dans laquelle celle-ci se jetait autrefois. Au confluent et au-dessous, des tamarins, des osiers et d'autres plantes aquatiques croissaient en abondance. J'ai déjà fait mention des bords élevés de sable, entre lesquels la grande rivière se trouve encaissée. J'ajouterai que dans l'été elle est souvent à sec entièrement, excepté près de son embouchure, où les marais sont inondés par la mer. Elle est toujours bourbeuse : elle entraîne des pierres et des fragmens de rocher des

montagnes voisines. Mais l'autre, lorsque je la vis, était encore, malgré les
fortes pluies qui venaient de tomber,
claire comme le cristal ; et dans l'été
son lit n'est jamais à sec : propriété qui,
dans ce climat, justifie bien les épithètes de αγλαον υδωρ, etc. Je déclare que
dans toute la description de ce terrein,
je ne puis trouver chez Homère une
seule expression locale qui ne soit encore aujourd'hui de la plus grande
exactitude, si on l'applique au pays
dont je viens de parler.

J'ai déjà indiqué quelques détails
relatifs à la situation de la ville de
Troye, sur laquelle nous trouvons
Homère d'une précision admirable.
D'abord il est dit qu'elle était située
près des sources du Scamandre (1),
éloignée des vaisseaux, et dans une
partie de la plaine d'où l'on ne pouvait

----

(1) *Homère*, Il. XXII, v. 208.

reconnaître parfaitement toute la station (1) des Grecs, puisque Polytes, se fiant à son agilité, vint pour les observer jusqu'au tombeau d'Aisyetes ; ce qui eût été inutile, si l'on avait pu les voir de la ville. En parlant de la situation de Troye (2), le poëte l'appelle Τροιη ηνεμοεσσα (exposée aux vents). (3) Une partie de cette ville devait donc être bâtie sur un lieu élevé. Elle était peu éloignée du Simoïs et de la belle montagne de Callicoloné. La ville était bâtie dans la plaine au pied de l'Ida : mais il ne s'ensuit pas que l'Acropolis n'était pas sur une éminence ; et il paraît démontré par le sixième livre, que les dames troyennes allaient au temple de Minerve,

---

(1) Εκαθεν πολεως κοιλης εστι νευσι. Iliad. v ; v. 791.

(2) *Homère*, Il. ii, v. 791.

(3) *Id.* Il. xx, v. 53.

3.   15

situé sur une éminence : εν πολει ακρη (1).
Le huitième livre de l'Odyssée en fournit une nouvelle preuve : les Troyens y délibèrent, dans l'Acropolis, s'ils détruiront le cheval de bois, en le précipitant du haut des rochers sur lesquels cette citadelle était bâtie. Les portes Scées étaient près des sources du Scamandre ; elles étaient aussi ouvertes sur la plaine. C'était par là que sortaient les héros qui allaient combattre. Tout auprès était la montagne, ou la colline des figuiers sauvages (2) : ερινεος. C'était principalement par-là que la ville était accessible ; et les murs y étaient de niveau avec la plaine : Ενθα μαλιστα Αμβατας εστ πολις κỳ επιδρο-

____

(1) *Homere*, dans un autre endroit, nomme aussi la citadelle Περγαμω ακρη, la haute Pergame ; et, d'après lui, Virgile, *Priami arx alta maneres. Voy.* Hom. Il. VI, v. 297 ; et aussi l'Odyssée, VIII, v. 504 et suiv.

(2) *Id.* Il. VI, v. 434.

κεῖν ἐπλετο τεῖχος. Cela prouve que si la ville était ἐν πεδίω, la muraille n'en était pas moins sur un terrein inégal et en talus, puisque le pied du rempart était accessible sans difficulté , dans cet endroit seulement : ἐπίδρομος. Je crois que personne ne contestera une situation à laquelle tant de caractères se rapportent si parfaitement.

Cependant avant d'en faire la comparaison avec la ville actuelle, il me reste à faire mention de quelques autres monumens décrits par Homère, et qui existaient avant les événemens de l'Iliade. Bathyeia ou le tombeau de Myrinne (1) était un monticule conique , αἰπεῖα κολώνη. Homère nous indique très-bien par-là ce qu'étaient les tombeaux des anciens tems héroïques. Il y a par conséquent lieu de penser que le tombeau d'Aisyetes (2)

---

(1) *Homère*, Il. II, v. 811.
(2) *Id.* Il. II, v. 793.

était un cône semblable, qui commandait la vue du rivage, et dont la situation était à quelque distance de la ville, sans cependant être assez éloignée pour pouvoir être coupée par un parti de l'armée grecque campée dans la plaine, sur les bords du Scamandre, comme dans le premier livre de l'Iliade. C'est ce qui détermine Polytes, fils de Priam, à s'y transporter pour découvrir et reconnaître la position de la flotte des Grecs (1). Il se fiait à son agilité, à sa vîtesse. Ce tombeau n'était donc pas près de la ville, et pouvait commander toute la plaine, au-dessus de laquelle il s'élève, sans que la vue fût interrompue par aucune colline, ou aucune éminence intermédiaire.

Les seuls autres monumens dont il soit fait mention dans Homère (2),

____

(1) Ποδωκειης πεποιθως. Homère, Il. 2, v. 792.

(2) *Homère*, Il. x, v. 414 et suiv. *Ibid.* 160, *Ibid.* XI, v. 3-20-56 et suiv.

qui aient existé avant la guerre de Troye, et qui peut-être existent encore aujourd'hui, sont le tombeau d'Ilus et le *Throsmos*. Le premier était au milieu de la plaine, c'est-à-dire au milieu de sa largeur ; car il paraît par le huitième livre, qu'il était plus près des vaisseaux que de la ville. Les Troyens campèrent επι Θρωσμω πεδωα auprès du *Throsmos* (1) qui, suivant Homère, n'était pas non plus éloigné de l'armée des Grecs. M. Bryant (2) entre dans une longue discussion, et traduit le mot Θρωσμος, par *saltus*, étendue de terre couverte de bois. Il observe qu'une armée ne pouvait camper, επι sur un monticule pareil à celui que décrit M. Lechevalier. Mais

---

(1) Il était près des vaisseaux. *Homère*, Il x, v. 160.

(2) Observations de Bryant, p. 9.

M. Bryant doit prendre garde que επι (1) signifie quelquefois *auprès*, et quelquefois *sur*. Il paraît aussi que ce monticule était près du tombeau d'Ilus , parce que les Troyens y tinrent conseil cette nuit-là. παρα σημματι ιλυ (2) Νοσφιν απο (3) φλοισβον. M. Bryant (4) traduit ainsi , avec bien de la mauvaise foi , suivant mon

---

(1) Επι πλαζει Ελλης πόντω le large Hellespont. *Hom.* Il. vii, 86. Et aussi επ' ηιοιν] ι Σκαμανδρω. Il. v , v. 36, sur les bords du Scamandre.

(2) Le tombeau d'Ilus était très-près du gué du Scamandre ; car Mercure rencontre Priam à ce gué , après avoir passé le tombeau d'Ilus. Iliad. ii , v. 3.

(3) *Hom.* Il. x. — *Bryant, ibid.* p. 9.

(4) Dans le huitième liv. Hector retire son armée, et campe, νοσφιν , à la distance des vaisseaux, *Hom.* Il. viii, v. 490. Et cependant tandis qu'ils restent dans cette position , Nestor dit qu'ils sont près des vaisseaux , εγγυθι νεων. Liv. ix, v. 76. Ainsi νοσφιν peut signifier à une petite distance. L'explication de M. Bryant est donc hasardée.

avis : Au tombeau d'Ilus , *à l'écart et éloigné du bruit du camp*. Le texte et le sens sont : *loin du tumulte ;* c'est-à-dire , là où ils ne pouvaient être interrompus. Il n'y a pas un mot relatif à l'éloignement. Quoique dans les tactiques modernes , il puisse être assez ordinaire de tenir conseil à quelque distance de l'armée , pour éviter le bruit , je crois qu'Hector et Agamemnon auroient regardé cela comme peu militaire. Je vais maintenant décrire l'état actuel de toutes ces situations, et faire voir comment on peut en reconnaître encore beaucoup dans la plaine que j'ai décrite.

Revenons aux sources chaudes de Bounar-Bachi , et considérons la nature du terrain qui les environne. Le sol s'élève à l'est par un court talus qui aboutit à un plateau sur lequel se trouve le village de Bounar-Bachi. Ce plateau se termine plus loin, vers l'est , à une profonde vallée par laquelle la grande rivière (le Simoïs) entre dans la plaine. Vers le sud-est, s'élève une éminence très-escarpée, et environnée de trois côtés par des rochers élevés, au pied desquels coule le Simoïs, au-dessous d'un cordon d'énormes précipices situés sur le côté opposé du ravin.

Supposons maintenant que ce soit ici Troye. Tirons pour sa défense une muraille, d'un précipice à l'autre ; nous trouverons que l'Acropolis est environné de rochers, du haut desquels une partie du conseil voulait précipiter le cheval de bois. Au-dessous de cette citadelle, la ville était bâtie sur ce plateau, où l'on voit aujourd'hui Bounar-Bachi ; et son élévation au-dessus de la plaine justifie l'épithète ἠνεμόεσσα (exposée aux vents). Dans ce cas, la muraille serait défendue de trois côtés par les précipices. Il est probable qu'elle se prolongeait sur la crête du talus, un peu au-dessous de Bounar-Bachi. Les portes Scées se seraient trouvées

immédiatement au-dessus des sources
chaudes; et le plateau de Bounar-Bachi
s'étendant vers l'ouest, la muraille aurait passé de la crête du plus petit talus
au pied du plus haut, lequel s'élève du
côté de la citadelle, en traversant une
éminence peu élevée qui se serait trouvée dans cet endroit, de niveau avec le
pied du mur. Cette situation se trou-
vant tout auprès des portes Scées (1),
répond parfaitement à celle des figuiers
sauvages, ερινεος, et comme elle s'étend
vers la plaine, c'était par-là que passaient les Troyens, lorsqu'ils allaient
aux portes Scées. Si l'on reconnaît ce
lieu pour Troye, le lecteur, en re-
gardant la carte, observera que de la
plate-forme de Bounar-Bachi, et même
de la citadelle, si l'on porte les yeux
vers le rivage de la mer, les montagnes
sur lesquelles Tchiblak est bâti, et celles

____

(1) Παρ' ερινεον εστευοντο. *Hom.* Il. *passim.*

qui sont situées de l'autre côté de la vallée de Thimbrek, interceptent la vue de la plaine vers la partie de l'est. C'était précisément ce qui avait lieu à Troye. Homère nous le dit, ou du moins nous le laisse inférer. D'après une coïncidence aussi frappante, aussi vraiment extraordinaire, est-il possible de supposer qu'Homère n'avait pas cette position en vue quand il a décrit Troye?

Mais une autre preuve, plus forte encore, vient augmenter notre conviction. Indépendamment des tombeaux d'Ajax, d'Achille et de beaucoup d'autres guerriers, on montrait, du tems de Strabon, le tombeau d'Aisyetes, que l'on regardait comme un monument de la plus haute antiquité, et qu'Homère met au nombre de ceux qui existaient avant la guerre de Troye. Heureusement Strabon (1) nous in-

____

(1) *Strabon*, l. XIII, p. 599.

dique où nous devons le chercher. De son tems, on le voyait sur la route qui conduisait de la moderne Ilium à Alexandrie : c'est la route par laquelle nous entrâmes dans la plaine la première fois. On voit une haute éminence conique élevée sur un petit monticule dont la vue commande très-avantageusement la position de Bounar-Bachi, sur la droite, et sur la gauche, la plaine, l'Hellespont et le mouillage des Grecs. Cet endroit est à une distance considérable de Bounar-Bachi; mais il n'en est pas séparé par la plaine située entre les deux rivières, et dans laquelle l'armée était en bataille. Cette position ressemble, sous tous les rapports, au tombeau d'Aisyetes : on le nommait ainsi du tems de Démétrius de Scepsis. C'est en effet αιπεια κολωνη (1), une éminence conique, en usage alors

____

(1) *Lechevalier*, sur la plaine de Troye.

pour les tombeaux. Elle existe encore aujourd'hui pour éclaircir Strabon et confirmer Homère. Il ne reste aucune trace de celui de Myrinna ; et quant au tombeau d'Ilus, que M. Lechevalier place dans sa carte près du confluent des rivières, et qui était, dit-il, dans un tel état, qu'il a fallu une observation aussi précise que la sienne pour déterminer sa première forme ; je pense qu'il y a ici un peu d'imagination : car, tout convaincu que je sois que ce tombeau était près de l'endroit indiqué par le voyageur français, cependant je n'ai pu en fixer précisément la situation. Il y a dans cette partie, auprès de la rivière, plusieurs monticules inégaux dont il est possible que quelqu'un soit le reste de ce monument ; mais leur apparence n'a point du tout été pour moi une preuve suffisante. Il est un fait : c'est que la situation des tombeaux d'Ilus et Myrinna était telle qu'ils paraissent avoir dû se conserver bien moins que celui d'Aisyetes, parce que le monument d'Ilus était élevé dans un endroit humide et marécageux, et celui de Myrinna (1) était situé devant la ville, dans la plaine où les armées étaient rangées. Des causes locales peuvent les avoir fait disparaître ; et en effet, après le tems de leur célébrité, cette plaine fertile fut constamment cultivée, et le travail de la charrue peut avoir contribué d'abord à en altérer la forme, et ensuite à les effacer. C'est ce qui arrive toujours aux monumens de cette espèce, tandis que nous en voyons d'autres aussi durables que le terrein sur lequel ils sont élevés. D'après l'époque à laquelle Homère fait remonter la fondation de ceux dont je parle, il n'est pas nécessaire de chercher des raisons pour

---

(1) Le tombeau de Myrinna était dans la plaine περιδρομος ενθα και ενθα, accessible de tous es côtés, par conséquent plus facile à effacer par les causes susdites. *Il.* II, v. 812.

en justifier la dégradation ; il est même étonnant qu'il en reste des vestiges.

Qu'on me permette ici une observation sur une objection de M. Bryant, qui paraît lui inspirer beaucoup d'espoir. Il dit qu'on ne peut trouver aucune trace de la ville, ni aucun ancien monument qui prouve qu'elle ait jamais existé. Lucain (1), parlant du tems où César y débarqua, ajoute : *Etiam periêre ruinæ.* Non content de s'arrêter aux ruines dont la destruction prouve au moins l'existence précédente, César reconnut la situation de Troye ; car il nous dit quels étaient les objets qui avaient remplacé cette scène de ruines.

« *Jam* (2) *sylvæ steriles, et putres robore trunci*
« *Assaraci pressére domos et templa deorum*
« *Jam lassa radice tenent : ac tota teguntur*
« *Pergama dumetis.* »

____

(1) *Lucain.* Pharsale, l. IX, v. 969.
(2) Pharsale de Lucain, l. IX, v. 966.

Le même auteur lui indique aussi les autels hérœens, et dans le même vers, il ajoute : *Nullum est sine nomine saxum ; il n'y a pas une pierre qui n'ait son nom.* Cependant, dit M. Bryant, nous connaissons des villes qui ont long-tems été en ruines, en Egypte, en Palestine, en Syrie (1) et dans d'autres endroits du Levant. On va visiter encore *Pœstum ;* et en Angleterre même, on a *Verulam* et *Silœhester.* Voilà le même raisonnement qu'il a fait au sujet du fossé et du rempart des Grecs dans la plaine de Troye. Cela ne prouve rien ; car la question n'est pas de savoir s'il reste une ville, mais s'il y en a une de détruite. La nouvelle ville d'Ilium (2), située dans la plaine, a été très-considérable ; elle est cepen-

----

(1) *Bryant*, sur la guerre de Troye, p. 44.

(2) La nouvelle Ilium fut embellie et beaucoup agrandie par Alexandre. *Strabon*, l. XIII, p. 593.

dant aussi complétement détruite et
effacée que celle de Troye. Abydos,
que j'ai aussi visitée, est exactement
dans le même état : il n'en reste qu'un
petit pan de muraille d'à-peu-près six
pieds de hauteur sur quatre de longueur. Il n'existe pas le plus léger vestige de Tyr, ville jadis tout aussi puissante, et dont la destruction est moins
ancienne. Mais que pouvaient être les
ruines de toutes ces places (auxquelles
je pourrais en ajouter bien d'autres)
en comparaison de celles de Troye?
Une guerre acharnée de dix ans, oc-
casionnée par une vengeance impla-
cable, un incendie, un pillage général, les matériaux dont elle était
bâtie emportés par les villes voisines,
pour réparer les dommages que la
guerre leur avait fait éprouver ; toutes
les causes en un mot qui pourraient
accélérer la destruction se réunirent à
une longue succession de siècles, pour
effectuer ce que le tems seul a opéré

sur plusieurs autres villes, sans le
secours de toutes les circonstances
que nous venons de voir. Enfin,
M. Bryant ajoute que « en supposant
« que chaque pierre eût été emportée,
« au moins resterait-il des inégalités
« dans le terrein, c'eût été un ou-
« vrage considérable de les niveler. »
C'est un travail que la charrue a dû
faire en partie. On nous dit : *Seges
est ubi Troja fuit*. Malgré cela il reste
des inégalités et des traces d'édifices, à
Bounar-Bachi. Et puisque M. Bryant
nous a dit ce qu'il désirerait trouver, il
est forcé de reconnaître Troye à Bounar-
Bachi, car il y trouverait ce qu'il
désire, s'il en faisait le voyage. Il est
évident que la situation indiquée par
M. Lechevalier a été couverte de bâ-
timens. Le terrein y est coupé en
plate-forme; et lorsque je vins à réfléchir que ces restes étaient les débris
des fondemens de Troye, je fus surpris qu'il en existât autant, quoique

M. Bryant soit fâché d'en trouver si peu.

Les héros grecs de la mort desquels il est principalement fait mention pendant le siége, sont Achille, Ajax, Patrocle, Antiloque, Pénélée et Protésilas. Les Troyens en perdirent plusieurs, mais sur-tout Hector et Pâris. Les écrivains postérieurs célébrèrent les tombeaux de ces guerriers. Ces monumens attiraient la vénération des villes voisines et de plusieurs voyageurs (1) illustres. Nous voyons Alexandre sacrifier au tombeau d'Achille, et les Thébains, obéissant (2) à la voix de l'oracle, emporter les cendres d'Hector, et les consacrer dans le temple de Thèbes. Homère nous

____

(1) *Arrien*, l. I , p. 32. — *Q. Curce*, l. II, ch. IV.

(2) *Pausanias : Bœotica* , l. XXXVII, p. 295, éd. de Francfort, 1585.

apprend quelle était la nature de ces monumens. Bathyeia, ou le tombeau de Myrinne, était, suivant lui, un monticule élevé et conique, *αἰπεῖα κολώνη.* Homère fait aussi mention des funérailles de Patrocle (1). Les Grecs tracèrent son tombeau de forme circulaire : ils en posèrent les fondemens autour du bûcher et le couvrirent ensuite de terre. Après avoir ainsi élevé le monument, ils s'en retournèrent. Ce tombeau était donc de terre entassée dans une forme circulaire. Celui-ci était un cénotaphe (2): car Achille recueillit les cendres de son ami dans un vase d'or, et les conserva, afin qu'après sa mort on y mêlât les siennes. Le tombeau d'Achille était aussi de la même nature, mais plus grand. Dans la même harangue, après avoir

____

(1) *Homère*, Il. XXIII, v. 255.
(2) *Id. Ib.* XXIII, v. 243.

parlé du tombeau de Patrocle, Achille ajoute : « Ensuite les Grecs (1) qui « resteront sur les vaisseaux après ma « mort m'en élèveront un plus vaste et « plus élevé. » Celui de Patrocle était sur le rivage, επ ακτης, et sur le rivage (2) de la mer de Thrace, par laquelle s'en retournèrent les vents qui s'étaient rendus aux prières d'Achille. On trouve dans l'Odyssée (3) une description complète du tombeau d'Achille et de sa situation. « L'armée sainte des guerriers « grecs éleva autour des cendres « d'Achille, de Patrocle, et d'Antilo- « que , sur le rivage sonore du vaste « Hellespont , un grand et magni- « fique tombeau, que l'on voit de la « mer, et qu'apercevront les naviga- « teurs des siècles futurs. » Il paraît,

---

(1) *Homère*, Il. XXIII, v. 246.
(2) *Id. Ib.* XXIII, v. 126.
(3) *Id.* Odys. XXIV, v. 80.

d'ailleurs, par un discours d'Hector (1),
que les tombeaux des Grecs étaient ordinairement dans des situations pareilles ; car il propose , pour condition
d'un combat singulier, de rendre le
corps de son adversaire, s'il le tue ,
afin que les Grecs lui élèvent un tombeau sur le rivage du vaste Hellespont.
Homère fait encore une mention très-
particulière du tombeau d'Hector.
Après avoir décrit les funérailles de
ce guerrier , il dit (2) : « Ils se hâtent
« de déposer son urne dans une fosse
« profonde , sur laquelle ils entassent
« de grandes pierres ; et ils élèvent
« avec précipitation un tombeau. »
Les autres monumens que nous avons
décrits étaient donc de terre. Celui
d'Hector était construit de la même
façon , mais il était couvert de
pierres. Il était près de la ville. car

---

(1) *Homère*, Il. VII, v. 86.
(2) *Id. Ib.* XXIV, v. 797 et suiv.

Priam ordonne aux ouvriers d'apporter
du bois à la ville ἄστυδε (1) pour faire le
bûcher. Strabon et des auteurs récens
font encore mention d'autres particularités sur ces tombeaux. Mais je laisse,
pour le moment, ces nouvelles preuves,
mon but n'ayant été que de montrer
que les descriptions de la plaine par
Homère s'accordent avec son état actuel.

Je crois avoir démontré qu'il est
probable que le mouillage de la flotte
des Grecs était à l'embouchure du
Scamandre. Ce point m'est, je crois,
accordé. Nous savons que le poste (2)
d'Achille était le plus près de Sigée ;
car c'est ce qu'il faut inférer de ce

------

(1) *Homère*, Il. XXIV, v. 778.

(2) *Id. Ib.* VIII. v. 224. II, v. 7 ; et XVII,
v. 116. Ajax est représenté sur la gauche de
l'armée ; par conséquent Achille était à la droite,
puisqu'il était à l'autre extrémité.

qu'Homère (1) le place à l'aîle droite
de l'armée. Il faut aussi conclure qu'il
était près du rivage de la mer de
Thrace et de l'embouchure de l'Hellespont. Lorsqu'Achille (2) appella les
vents pour allumer le bûcher de Patrocle, les deux qu'il invoqua étaient
le nord et l'ouest, et tous deux s'en
retournèrent par la mer de Thrace.
Cette mer était donc au nord et à l'ouest
du tombeau, et l'on voyait ce tombeau
sur le bord de la mer. Cela ne pouvait
arriver qu'au promontoire baigné, en
effet, par la mer au nord et à l'ouest.
C'est ici qu'il faut chercher le tombeau
de Patrocle et celui d'Achille qui en
était voisin. Le dessin de ces tombeaux
est pris au large et vis-à-vis du promontoire de Sigée. Le lecteur y verra
deux tombeaux d'inégale grandeur,

____

(1) C'est ce qui paraît par les funérailles de
Patrocle. *Il.* XXIII, v. 255 et suiv.

(2) *Homère*, Il. XXIII, v. 194.

à peu de distance du rivage. De ce point de vue, l'Hellespont s'étendait à notre gauche ; la Chersonèse de Thrace et le nord de la mer Egée étaient derrière nous, et la plaine mer à notre droite. Au pied de ce promontoire se trouvent deux tombeaux (1), dont la forme, la nature et la situation s'accordent avec ceux d'Achille et de Patrocle décrits par Homère : et tout est détaillé avec tant d'exactitude, qu'en peignant ces monumens, il est impossible de rien ajouter ni de retrancher aux descriptions du poëte. Ou bien ces tombeaux et cette plaine sont ceux qu'il a eus en vue, ou leur

---

(1) *Lechevalier* assure que le tombeau d'Achille est nommé aujourd'hui Διος ταπη, le tombeau divin ; mais indépendamment de ce que διος n'est point en usage dans le grec moderne, il paraît que c'est une erreur. Ces deux tombeaux se nomment Δυω ταπη ; ce qui signifie, *les deux monticules.*

coïncidence est un de ces miracles dont on ne peut rendre compte.

Le poste d'Ajax (1) était à la gauche, opposé à celui d'Achille, c'est-à-dire, qu'il était plus près de l'endroit qu'on nomma, dans la suite, le promontoire de Rhétée. Homère ne nous dit pas où était son tombeau ; mais nous trouvons qu'il était un des héros qui furent enterrés dans la plaine : car Nestor assure qu'il y était inhumé, ainsi qu'Achille (2), Patrocle et Antiloque. Son tombeau devint, dans la suite, l'objet du culte des Rhétéens (3). On le voyait près de leur ville, et l'on avait bâti sur son sommet un temple circulaire qui fixa long-tems leur vénération. A trois milles et demi, ou à peu près, du promontoire de Sigée, sur un mon-

----

(1) *Homère*, Il. *loco suprà cit.* l. 11.

(2) *Odyssée* d'Homère, III, v. 109.

(3) *Pausanias attic*, p. 33 et 34 ; et *Strabon*, l. XIII, p. 595.

ticule peu élevé, il existe aujourd'hui un tombeau de la même nature que ceux d'Achille et de Patrocle, et pareils à ceux qu'Homère décrit dans toutes les occasions. On croit qu'Antoine (1) ou Pompée enlevèrent les cendres d'Ajax, et qu'ils les emportèrent en Egypte. Quoi qu'il en soit, Pausanias (2) nous apprend qu'il était ouvert. Voici comme il s'exprime : « Un Mysien me dit que la mer avait « emporté et ouvert la partie qui re- « garde le rivage, et que l'entrée du « tombeau n'était pas alors difficile. » Vers le sommet du monticule que je viens de décrire, nous observâmes d'abord les restes d'un mur circulaire. Un pan de ce monticule est renversé du côté qui domine le vaste

---

(1) *Lechevalier*, sur la plaine de Troye.

(2) *Pausanias*, l. 1, p. 34-36, éd. de Francfort, 1583.

marais, où la mer pénétrait peut-être
au tems de Pausanias. C'est-là qu'on
découvre l'entrée d'une voûte de la
plus grossière et de la plus ancienne
maçonnerie. Elle aboutit à une autre
voûte qui la traverse au centre du
monument ; mais qui est presqu'entièrement comblée de terre. Cette dis-
position intérieure est une preuve
évidente que c'était un tombeau ; car
telle est la structure de presque tous
ceux que l'on voit encore aujourd'hui
près des villes de Grèce et d'Asie.
M. Bryant peut douter que ce tombeau
soit celui d'Ajax ; mais nous sommes
certains que Pausanias et les Rhétéens
croyaient que ce l'était, et nous ne
savons rien qui puisse nous porter à
récuser ce témoignage de l'antiquité.
On voit sur la côte de l'Hellespont
beaucoup d'autres tombeaux ; mais
nous n'avons pas des données suffisantes pour déterminer positivement
à qui ils appartiennent. Nous avons

vu que Patrocle avait un cénotaphe
pour lui seul, quoiqu'il fût inhumé
avec Achille ; mais nous ne savons
pas si Antiloque en avait un : il n'y
a cependant rien d'absurde à le supposer. Néanmoins, je pense qu'on ne
doit pas s'en rapporter seulement à
l'opinion de ceux qui donnent aux
autres tombeaux (1) les noms d'Antiloque et de Pénélée, comme si ce fait
était certain : c'est plutôt une conjecture ingénieuse que l'on doit respecter
sous ce rapport. Ils sont tous situés
sur le rivage, et s'aperçoivent de loin
en mer, réunissant ainsi tous les caractères des tombeaux des héros grecs.

En remontant aux montagnes derrière Bounar - Bachi , nous trouvons
sur la plus haute, trois tombeaux exactement semblables à ceux du rivage,

____

(1) *Voyez* Chandler, Pococke, Lechevalier,
etc.

et un quatrième semblable aux autres,
quant à la forme, mais, en grande
partie, composé de pierres entassées.
Un des côtés est endommagé, et paraît
avoir été ouvert. Cette courte description ne suffit-elle pas pour reconnaître
le tombeau d'Hector tel qu'il est dépeint par Homère, d'autant plus qu'on
nous dit que les Thébains (1) l'ou-
vrirent pour obéir à l'oracle, qui leur
ordonnait d'emporter dans leur ville
les cendres du héros ? Ces tombeaux
sont auprès de l'Acropolis ; ils sont
aussi visibles que ceux du rivage, et
s'aperçoivent de presque toutes les
parties de la plaine. L'épitaphe de
Pâris conservée par Aristote, est une
nouvelle preuve que les guerriers
Troyens étaient inhumés de cette manière. Ce philosophe dit que le tombeau de Pâris était situé sur le sommet

____

(1) *Pausanias : Bœotica*, p. 567, éd. de
Hanovre.

des montagnes (1). Quelles conjectures peuvent balancer une démons-
tration aussi positive que celle qui
résulte d'une pareille coïncidence !

C'est à dessein que j'ai jusqu'ici
évité de parler des antiquités que le
comte de Choiseul (2) a trouvées dans
le tombeau d'Achillé. Elles étaient
bien mutilées ; en conséquence, elles
ont donné lieu à un grand nombre de
conjectures si vagues, que n'ayant pu
les voir, je n'ose en donner des détails que j'ai entendu contredire. Cependant, on s'accorde généralement
à dire qu'il y avait trouvé du charbon
et des os : ce qui prouve évidemment
que c'était une sépulture. Lorsque j'é-
tais dans le pays, je fis diverses tenta-
tives pour obtenir la permission de

____

(1) *Aristotelis pepli fragmentum*, Epitaph.
LIV.

(2) *Voyez* Lechevalier, et Constantinople
ancienne et moderne de Dallaway.

fouiller dans la plaine; mais comme je n'y étais pas autorisé par la sublime Porte elle-même, les agas, qui soupçonnaient toujours que nous cherchions des trésors, étaient si timides et si ignorans, qu'ils refusèrent de nous l'accorder.

M. Bryant ne se laisse cependant point convaincre par tant de preuves réunies; il avance hardiment que tous ces tombeaux sont des monticules élevés par les Thraces, avant le siége de Troye, et auxquels les Grecs ont, long-tems après, donné les noms de leurs héros. Et pourquoi cela ? « C'est parce qu'on trouve (1) aussi de pareils monticules en Thrace. » L'un passe pour appartenir à Protésilas et un autre à Hécube. Certainement, il y a un pareil tombeau sur le Cyno-sema, qui peut bien appartenir à Hé-

_____

(1) Observations upon a Treatise, etc. par M. Bryant, page 39.

cube. Cette éminence s'élève au-dessus
du château des Dardanelles, du côté
de l'Europe ; et Strabon nous apprend
que cette montagne était le Cyno-
sema, car il la place à l'ouest de Sestos,
près de Madytos et de Koilos (1), deux
villes qui subsistent encore aujour-
d'hui sous le nom, presque semblable,
de Maïta et Koïlia. On trouve beaucoup d'autres monticules semblables
en Thrace, en Asie et en Grèce. Les
Thraces, il est vrai, colonisèrent (2)
la Phrygie ; mais les Thraces étaient
Grecs ; témoins Orphée, Musée, Linus
et Thamyris. Dans les siècles héroïques tous les peuples avaient adopté la
coutume d'enterrer leurs morts sous de
semblables monticules. Pausanias fait
mention de plusieurs en Grèce et en

---

(1) Mela place aussi *Koïlos* (Cælus) entre
Sestos et Cynosema, *de situ orbis*, l. II, c. II,
p. 67, éd. de Leyde, 1646.

(2) *Strabon*, l. X, 471.

Asie, et je déclare, avec connaissance
de cause, qu'il n'indique presque jamais un tombeau des siècles héroïques (1) où l'on ne puisse voir un
monticule encore aujourd'hui. Il n'est

---

(1) Parmi les tombeaux de ce tems dont parle
Pausanias, et qui existent encore aujourd'hui, je
ne puis m'empêcher d'en indiquer quelques-uns
des principaux. Le premier est celui de l'ama-
zone Antiope, dont Pausanias nous fait connaître l'histoire, et dont on voyait encore le
tombeau sur la route qui conduit d'Athènes à
Phalère. Ces situations sont connues; et l'on y
trouve un monticule qui fut ouvert par M. Fauvel,
peintre français, envoyé dans ce pays par le
comte de Choiseul, alors ambassadeur de France
à la Porte. Il m'a assuré qu'il y avait trouvé des
cendres et du charbon. Il avait conservé un vase
de l'espèce de ceux qu'on nomme étrusques.
L'ouvrage en était très-curieux : le vase était d'un
blanc clair, et l'on y voyait le dessin de quelques figures assez grossières qui n'étaient qu'ex-
quissées en rouge. La nature du vase et le genre
de l'ouvrage annonçaient qu'il avait été fabri-
qué dans l'enfance des arts, et prouvaient son

pas étonnant que l'histoire des monumens de la Thrace se soit perdue, ainsi
que celle des tombeaux de nos Druïdes.

---

extrême antiquité. Pausanias nous donne aussi
l'histoire d'Augé, fille d'Alæus, qui fut violée
par Hercule, qui vécut ensuite à Pergame, et fut
aimée par Teuthras, roi du pays : et encore à
présent, dit-il, on voit son tombeau dans cette
ville, près du Caicus. (γης χωμα λιθων περι εχο-
μενον κρηπιδι un monceau de terre, environné
d'un épaulement de pierres.). On voit encore
ce monceau de terre au même lieu : il est
appuyé par une haute muraille de pierres énormes taillées en diamant, dont la maçonnerie
ressemble aux murailles de Mycène. L'un et
l'autre sont évidemment l'ouvrage de la plus
haute antiquité. On voit encore à Cléone, les
deux tombeaux d'Eurytps et de Cteatus; et à
Orchomenes, celui de Minyas. Je pourrais en
nommer bien davantage; mais en voilà assez
pour prouver au lecteur l'exactitude de Pausanias, et pour faire connaître l'opinion que les
antiquaires grecs avaient des tombeaux des âges
héroïques. *Voy.* Pausanias : Athen. p. 2. Arcad.
p. 239. Corinth. p. 57. Bœot. p. 311.

Mais si quelqu'un , en Angleterre , s'a-
visait de donner à ces sépultures des
anciens Druïdes des noms de personnes
qui vivaient il y a un ou deux siècles ,
certainement il n'exciterait que le rire
ou la pitié ; et l'on ne se rangerait
pas à son avis (1). Homère vivait peu
de tems après la guerre de Troye ; aurait-il hasardé une application aussi
absurde ? Puisqu'il a donné des noms
aux tombeaux , c'est qu'il s'y est
cru autorisé ; et cela seul est , en
faveur de l'histoire grecque , une présomption à laquelle se réunit uni-
formément le témoignage constant des
siècles postérieurs. M. Bryant ne peut
y opposer qu'une conjecture sans fondement, sans autorité. C'est au lecteur

---

(1) Par exemple , les noms de Henri VIII ,
d'Edouard VI, de la reine Elisabeth, ou même
en remontant plus haut jusqu'à celui de Guil-
laume-le-Conquérant, l'imposture serait insup-
portable.

à juger de quel côté doit pencher sa confiance.

Celui qui lira attentivement les œuvres d'Homère sera entièrement satisfait de la carte qui se trouve à la tête de l'ouvrage de M. Lechevalier. Ce voyageur a fait voir (1) dans son traité, combien sa carte s'accorde avec les batailles d'Homère, telles qu'elles ont été détaillées dans l'essai qu'a publié sur ce sujet l'ingénieux ami de Pope. En lisant l'Iliade, on y trouve, à chaque instant, de nouvelles preuves topographiques; et j'ai observé, avec plaisir, qu'il n'y est pas question d'un seul fait dont on ne puisse assigner, avec probabilité, la place dans la plaine de Bounar-Bachi. Il serait inutile de récapituler ici toute l'Iliade, et le lecteur pourra facilement se convaincre de la vérité

____

(1) *Voyez* Lechevalier, sur la plaine de la Troade. — *Essais* sur les batailles d'Homère dans l'Iliade, de Pope, tom. II.

de mon assertion, en ouvrant ce poëme.
Tous les événemens qui y sont décrits, s'accordent parfaitement avec la
plaine d'aujourd'hui, excepté dans ce
qui concerne la distance qui séparait
Troye du rivage de la mer. Cette
distance, dans l'état actuel de la
plaine, ou du moins dans l'état où
M. Bryant prétend que M. Lechevalier l'a décrite (1), est incompatible avec les événemens qui eurent lieu le jour de la mort de Patrocle. M. Lechevalier dit qu'il y a
quatre lieues de Bounar-Bachi à la
mer; et M. Bryant explique cela par
douze milles; il ajoute encore un mille
jusqu'à la citadelle, qui certainement
n'avait rien de commun avec ce qui
se passait dans la plaine entre la flotte
et les portes Scées. M. Lechevalier

----

(1) Observations on a Treatise, etc., par
Bryant, p. 1 et 2.

place avec raison ces portes au-dessous de Bounar-Bachi, près des sources du Scamandre. Mais quand ce voyageur dit quatre lieues, il se conforme à la manière grossière d'estimer les distances dans ce pays, c'est-à-dire, quatre heures de chemin de Bounar-Bachi à Ieni-Cheher. Chaque heure est composée de trois milles, turcs ou italiens, ce qui fait bien peu de chose au-delà de deux milles anglais ; et lorsqu'on a recours à la carte, et que l'on mesure cette distance sur l'échelle qui s'y trouve réduite en milles anglais, on trouve que la distance, depuis le promontoire de Sigée jusqu'aux sources du Scamandre, est de neuf milles et demi : ce qui est, en vérité, bien près de la réalité.

M. Bryant prend encore en considération un autre objet : c'est une augmentation considérable de terre à l'embouchure du Simoïs. Le lecteur en verra la preuve en jetant les yeux sur

la carte de cette partie de la plaine (1).
Les longues pointes de terre plate et
marécageuse qui s'étendent vers l'Hellespont, démontrent assez leur origine.
Le Simoïs, au surplus, a cette propriété, comme toutes les rivières du
pays.

Nous savons que jadis les promontoires de Rhétée (2) et de Sigée ren-
fermaient entr'eux une baie ; et quoique M. Bryant veuille douter de la
situation du Rhétée, je vais entreprendre de prouver qu'il est précisément où M. Lechevalier l'a placé.
Strabon (3) dit expressément qu'il était
contigu au tombeau d'Ajax dont je
crois avoir rigoureusement démontré
la position. Il est vrai que Strabon
n'est pas exact dans la distance d'un

----

(1) *Strabon*, l. XIII, p. 595.—*Polybe*, l. IV,
p. 12.

(2) *Bryant*, observation, etc., p. 4.

(3) *Strabon*, *loco supra cit.*

promontoire à l'autre ; mais Pline le
rectifie, et cet auteur se trouve d'accord
avec M. Lechevalier. Solins (1) la fixe
à quarante stades ; cette erreur provient peut-être d'une différence dans
la mesure du stade. Il est évident aussi
que le rivage formait une baie dans cet
endroit, avant que les terres charriées
par le fleuve y eussent amassé l'ac-
croissement qui s'y trouve aujourd'hui.
Si l'on tire donc une ligne d'un promontoire à l'autre, dans la forme d'une
baie , on trouvera qu'il n'y avait pas
plus de sept à huit milles , depuis les
portes Scées jusqu'à l'embouchure
commune aux deux rivières alors
réunies. Si l'on considère aussi combien les armées rangées dans la plaine
devaient occuper d'espace , il ne paraît pas très - hyperbolique que deux
corps de troupes aient combattu aux

-----

(1) *Pline.* Hist. Nat. l. v, ch. XXXIII.

deux extrémités de la plaine ; les uns
près des vaisseaux , les autres presque
sous la ville. Ne nous représente-
t-on pas aussi presque tous les héros
poursuivant leurs ennemis, dans des
chars? Et j'ajouterai qu'il ne faut pas
moins d'un espace pareil à celui que je
viens de citer , pour déployer les différentes manœuvres dont parle Homère , si nous voulons avoir égard à
la force des deux armées. Il paraît
qu'Hector envoya chercher des provisions à Troye après la bataille , la
veille de la mort de Patrocle , et qu'il
fit rester son armée sous les armes
dans la plaine. En supposant que
Troye fut éloignée de six ou sept milles , il est très-possible qu'il ait reçu
ses provisions au bout de trois ou
quatre heures. Mais si Troye avait été
plus rapprochée des tentes des Grecs,
le campement des Troyens eût été très-
inutile, car la ville eût alors aussi bien
commandé la station des vaisseaux.

Strabon ne fait que copier Démétrius ; ainsi son témoignage n'est jamais d'une autorité décisive sur la situation positive de Troye. Il doute de quelques faits qu'il rapporte sur ouï-dire, et il se trouve fréquemment en contradiction avec Pline, et avec d'autres autorités respectables. Mais les sources du Scamandre sont si clairement désignées, le plateau sur lequel la ville était bâtie, et les rochers de l'Acropolis sont des preuves si décisives de la situation de Troye, que lorsque j'ajoute à toutes ces circonstances les vestiges des anciens édifices que l'on voit dans les environs de Bounar-Bachi, je ne puis raisonnablement douter que cette situation ne soit celle qu'Homère a voulu décrire.

On a beaucoup disserté sur la position du camp des Grecs. Lechevalier et d'autres en placent les limites aux promontoires de Sigée et de Rhétée, en confondant la place des tombeaux d'Achille et d'Ajax avec celle de leur station. L'Odyssée nous apprend que le poste d'Achille n'était pas loin du lieu où se trouve aujourd'hui son tombeau. Ainsi, en supposant que de ce côté le camp fût appuyé par sa droite au promontoire près duquel est situé ce tombeau, il est probable que l'embouchure de la rivière le flanquait par la gauche ; et de cette manière, on explique comment le camp était si étroit que les vaisseaux ne pouvaient pas s'y ranger tous sur une seule ligne. Voilà comment la voix d'Agamemnon pouvait s'entendre du centre aux deux extrémités du camp. On trouve à la vérité, que les alliés des Troyens campèrent, pendant la nuit, sur le rivage de la mer ; ce qu'ils n'auraient pu faire si les Grecs l'avaient occupé tout entier. Le confluent des deux rivières et le tombeau d'Ilus étaient très - près du camp et si près des Grecs, que ceux-ci pouvaient entendre le bruit des Troyens, lorsque Hector les fit rester toute la nuit sous les armes dans la plaine. Cette supposition prévient aussi la difficulté de M. Bryant sur le passage du Simoïs et du Scamandre au travers du camp. Mais en vérité, ces deux rivières sont de telle nature, qu'il est inutile d'avoir recours à un pareil expédient.

Au témoignage d'Homère, si nous ajoutons ceux des autres anciens écrivains, ils ajouteront de nouvelles forces à son autorité, et achèveront de démontrer l'exactitude de notre carte. Pline, en venant du sud et en longeant la côte, arrive à Alexandrie, ensuite à Née, et enfin au Scamandre, rivière navigable ; il vient ensuite à Sigeum, ville située sur le promontoire de Sigée ; de là, il se rend au port des Grecs, dans lequel se jette le Simoïs réuni au Xanthe. Ce n'était d'abord qu'un marais ; on le nomme maintenant le vieux Scamandre. Au-delà de cette crique est le rivage de Rhétée , ensuite les villes de Rheteum , de Dardanus et d'Arisba. Il est donc clair que Pline a connu le vieux et le nouveau canal du Scamandre , et que le nouveau était alors navigable ; ce qui rend raison de sa construction , car probablement il servait, près de son embouchure, de canal, depuis le bord de la mer jusqu'à Sigeum ou la nouvelle Ilium.

Ptolémée qui ne fait point mention du nouveau canal du Scamandre , parle de ces endroits dans l'ordre suivant. En venant du nord , Dardanus, Simoïs , Scamandre , Sigée , Alexandrie et Lectum ; ce qui répond précisément à notre description. Et dans le fait , toute la différence entre les anciens auteurs , vient de la nouvelle bouche du Scamandre ; cette seule difficulté éclaircie, il ne reste plus aucune obscurité.

Il paraît, d'après Strabon, que le Scamandre d'Homère n'était pas connu. Mais on peut en rendre raison de la même manière ; c'est-à-dire, que frappé de l'idée que cette rivière se réunissait au Simoïs, il poursuivit le cours de ce dernier, jusques dans les montagnes, et qu'alors trompé par le nom qu'il portait à son embouchure, il conclut que c'était le Scamandre. Il le nomme ainsi, quoiqu'il convienne qu'il ne porte aucun des caractères énoncés par Homère. Malgré cela, dans d'autres passages, Strabon place le Scamandre et le Simoïs dans la plaine, et il semble qu'il regarde le plus petit comme le Simoïs. Il réunit les deux rivières près de la nouvelle Ilium, et il est impossible que dans ce passage il ait voulu parler d'aucune autre que de celle que nous venons de décrire. Il en résulte une confusion inexplicable, qui prouve clairement que Strabon n'a pas visité le lieu en personne ; mais nous voyons que , de son tems , la plupart des monumens d'Homère subsistaient encore. On indiquait, dans la plaine, l'Erineos ou colline des figuiers sauvages , les tombeaux d'Aisyetes, de Myrinne et d'Ilus. On voyait aussi de son tems la montagne de Callicoloné qui avait conservé son nom. On montrait la station de la flotte ; *Naustathmos* : et de cette situation Strabon conclut avec raison , que la nouvelle Ilium n'était pas sur l'emplacement de l'ancienne. Nous trouvons encore dans un autre passage , la description de l'état de la plaine. La nouvelle Ilium , dit-il , était près du confluent des deux rivières , et de son tems , à la distance de douze stades de la mer. Ce confluent est beaucoup plus éloigné aujourd'hui ; et il ajoute que sur ces douze stades, il faut en déduire la moitié , puisque toute cette partie de la plaine est formée par les rivières. Ainsi il paraît

que Strabon estime à six stades , la distance du rivage au confluent des deux
rivières , du tems d'Homère. Il en est
éloigné de seize ou dix-sept aujourd'hui.
Ce géographe fait aussi mention du
tombeau et du temple d'Ajax , près du
promontoire de Rhétée , sur le bord
d'un rivage sablonneux. Le tombeau
d'Achille , et le temple élevé en l'honneur de ce guerrier , étaient situés sur
le promontoire de Sigée , ainsi que les
monumens de Patrocle et d'Antiloque,
auxquels les Iliens offraient des sacrifices ; il paraît que Strabon a lui-même
été trompé par la confusion qu'occasionna la nouvelle bouche du Scamandre ; mais tous ces objets étaient
entre les deux promontoires , et l'erreur provient de ce que l'embouchure
du Scamandre a changé, et que Strabon n'a pas su faire aussi bien que
Pline , la distinction entre le vieux et
le nouveau Scamandre (*palae Sca-
mander*). Cependant , il paraît dans

un autre endroit avoir été mieux informé de la situation de la plaine. «Car,
« dit-il , le Simoïs et le Scamandre se
« réunissant dans la plaine , entraînent
« une quantité de sable qu'ils entassent
« sur le rivage , etc. Mais la longueur
« de ce rivage , depuis le promontoire
« de Rhétée jusqu'à celui de Sigée ,
« est de soixante stades ». Strabon ,
dans ce passage , place évidemment
le confluent et l'embouchure des deux
rivières , entre les deux promontoires
dont il est question. Dans ce cas il est
directement contraire à l'hypothèse
que je combats , et sa description
correspond parfaitement à la topographie de la plaine de Bounar-Bachi. Il
est par conséquent possible que l'autre
passage dans lequel il parle des places
situées sur la côte , ait été altéré par
ceux qui l'ont transcrit ; et en effet
parmi les anciens auteurs , il en est
bien peu dont les écrits nous soient

parvenus dans un plus mauvais état
que ceux de Strabon.

Pline (1) nous apprend qu'à l'embouchure du Scamandre il existait un
petit village nommé Scamandria , et
que la nouvelle Ilium était plus haut, à
un mille et demi romain , c'est-à-dire,
à la distance d'environ douze stades.
Voilà donc une confirmation de Strabon, qui nous dit que la nouvelle
Ilium était de son tems exactement à
douze stades du rivage près du confluent des deux rivières , comme nous
l'avons vu ci-dessus ; et Scamandria
était probablement le port de cette
ville. Strabon ne s'est donc pas trompé,
et n'a pas pris Scamandria pour la
nouvelle Ilium , comme on l'a cru (2).

____

(1) Plin. Hist. Nat. *est tamen et nunc Sca-*
mandria civitas parva et 1500 *pass. remotum*
à portu Ilium immune.

(2) *Voyez* Review of. M. Bryant publication.
British critic , n°. 50.

Pline ne nous autorise pas non plus
à penser que cette nouvelle Ilium soit
le *pagus Iliensium* de Strabon , placée , suivant ce dernier , à trente stades ou trois milles encore plus haut.
C'est là que Strabon (1) imaginait qu'on
pouvait trouver Troye ; mais il n'y a
rien dans la plaine qui puisse appuyer
cette supposition. Il en a jugé sur de
mauvaises données , puisqu'il n'en
parle que par ouï-dire.

C'est ainsi que les géographes nous
informent de la situation et de l'état
de la plaine dans leur tems. Nous en
trouvons aussi quelque chose dans les
historiens des premiers siècles , et d'a-
bord dans Hérodote (2). La Troade se
trouve sur la route que suivit l'armée
de Xerxès , pour se rendre à Abydos :
il y a dans cet auteur un passage qui
a embarrassé M. Lechevalier : il dit

(1) *Strabon*, l. XIII , p. 597.
(2) *Hérodote*, l. V , ch. LXXXXIII.

que Xerxès venant d'Antandros ,
passa le mont Ida sur la gauche ,
ες αριστερην χειρα. M. Lechevalier voudrait
bien traduire *sur la branche gauche
de la montagne* ; mais le texte ne
comporte pas cette interprétation.
M. Bryant remarque avec raison que,
suivant Homère, *Gargarus* était l'Ida,
κατ εξοεν , c'est le nom que lui donne
Hérodote. On le regardait comme le
sommet de l'Ida , et par conséquent
quiconque le traversait sur la gauche,
passait l'Ida sur la gauche ; telle était la
route de Xerxès (1). Lorsque son armée

----

(1) Επι τ8τον δη τον ποταμον ως αφικετο Χερξης
ες το Πριαμ8 περγαμον ωνεβη ιμερον ελων θεησασθαι
θεησαμενος δε πυθομενος κεινων εκαςα τη Αθηναιη τη
Ιλιαδη εθοβε β8ς χιλιας χοας δα οι μαγοι τοισι ηρωσι
εχεαντο. Hérodote , VII. 42. Xerxès monta du
Scamandre au Pergama de Priam : là il fit des
sacrifices à Minerve - Iliade et aux mânes des
héros. Le Pergama de Priam était différent de
la nouvelle Ilium, qui ne fut jamais connue
sous ce nom. Y eut-il un autre Pergama en

arriva au Scamandre, n'ayant point trouvé de rivière depuis qu'elle avait quitté Sardes, elle mit le fleuve à sec, encore ses eaux ne suffirent-elles pas pour les hommes et pour les bestiaux. Ce fait prouve et la petitesse du fleuve et la pureté de ses eaux; car l'armée ne but point au Simoïs, qui n'était qu'un torrent vaseux et trouble. Xerxès arrivé au Scamandre voulut monter au Pergama de Priam, afin de reconnaître ce lieu célèbre. Lorsque l'armée se mit en marche, elle laissa Rhétée, Ophryneum et Dardanus à gauche; les

---

Egypte? où devons-nous chercher cette forteresse, si ce n'est sur les rives du Scamandre où Xerxès l'a trouvée lui-même? Elle était alors sous la protection de Minerve-Ilienne, ce qui lui donne beauconp d'analogie avec l'ancienne Ilium. Il reste maintenant à prouver à M. Bryant que le culte de Minerve fut apporté dans ces lieux, après la guerre de Troye, puisqu'il ne veut pas convenir que Minerve fut alors une divinité de la Phrygie.

Gergètes et les Teucriens à droite,
c'est-à-dire, du côté de l'intérieur des
terres. J'ai fait mention de cette situation, quoiqu'elle se trouve aussi dans
M. Lechevalier, parce que la route que
je viens d'indiquer me paraît être celle
d'un voyageur qui viendrait d'Antandros, et prévient toutes les objections qu'on pourrait faire à la situation
de l'Ida.

Freinshemius, dans son supplément
à Quinte-Curce (1), parle de la visite
que fit Alexandre à ces tombeaux. Il
s'est contenté de transcrire un passage d'Arrien. On en trouve le récit
avec les plus grands détails dans l'ouvrage de M. Lechevalier. Quinte-
Curce (2) dit lui-même l. XI de son
histoire, qu'Alexandre, après avoir

____

(1) Alexandre, dit aussi Arrien, fit des sacrifices à Minerve-Ilienne, à Priam et à Achille
dont il couronna la tombe.

(2) *Q. Curce*, l. XI, ch. IV.

offert différens sacrifices , honora
plus particulièrement le tombeau d'A-
chille , et déclara qu'il le regardait
comme le plus heureux des hommes,
d'avoir eu pour le célébrer un poëte
tel qu'Homère. Lucain (1) prétend que
César pénétra dans la Troade ; mais on
n'en voit rien dans ses Commentaires.
Ainsi l'autorité du poëte est douteuse,
mais elle prouve au moins l'opinion
de Lucain à cet égard. J'ai déjà rapporté tout au long la description qu'il
nous donne de la plaine. Toutes ces
relations et beaucoup d'autres moins
importantes confirment de la manière
la plus positive , l'identité de la plaine
et des monumens qu'on y trouve. On
a vu dans le commencement de cet
ouvrage, que tous ces monumens s'accordent avec les récits d'Homère.
Nous voyons ici que tous les géo-

____

(1) *Lucan.* Phars. l. IX, v. 960 et suiv.

graphes de l'antiquité dont les ouvrages sont parvenus jusqu'à nous,
s'y rapportent autant qu'on peut le
désirer ; et que l'on peut rendre raison de la différence légère de leurs
opinions , en expliquant deux circonstances locales et particulières ;
savoir : la nouvelle bouche du Scamandre et la nouvelle formation du
marais qui remplace la baie jadis située entre les promontoires Sigée et
Rhétée. Enfin tous les témoignages
que les anciens nous ont transmis
sur la plaine de Troye , se confirment
et se fortifient réciproquement. M. Lechevalier en a cité un grand nombre ,
et on pourrait encore en ajouter d'autres en notre faveur ; mais celles
que j'ai indiquées suffisent pour prouver les faits ; et nulle autorité contradictoire ne peut en ébranler l'authenticité.

Après avoir fait voir , dans la première partie de cet ouvrage , com-

ment il est possible que les deux poëmes d'Homère roulent sur des faits historiques , j'ai prouvé, dans la seconde, que cette possibilité était une certitude. J'ai démontré qu'Homère donne un détail exact de la situation de la plaine de Troye ; et d'après les observations de M. Lechevalier et les miennes , il est prouvé qu'il existe une plaine qui répond parfaitement à la situation de celle dont parle Homère, et qu'il n'en existe aucune autre qui puisse avoir même l'ombre d'une ressemblance aussi parfaite. J'ai expliqué plusieurs circonstances relatives à la nature de la plaine ; j'ai fait voir enfin qu'il s'y trouve deux rivières très-particulièrement décrites , et que toutes les situations que j'indique sont exactement celles dont je devais attendre la découverte , avant même de les avoir reconnues. J'ai montré qu'Homère fait mention de plusieurs autres objets qui devaient exister avant la

guerre de Troye ; leur position, aussi
bien que celle de la ville elle-même ,
sont décrites avec soin. On voit dans la
plaine de Bounar-Bachi des sites qui
leur répondent dans les plus petits détails. Leurs traces subsistent encore
aujourd'hui. Homère nous donne la
forme et la situation des tombeaux
de quelques-uns de ses guerriers , et
il dit qu'il en existe beaucoup d'autres,
mais il n'en détermine pas la position
d'une manière aussi précise. La plaine
de Bounar - Bachi renferme encore
des tombeaux de cette forme, et on
les trouve dans les situations qu'Homère nous a indiquées. On en voit
aussi d'autres sur lesquelles on ne peut
prononcer affirmativement. En obser-
vant la carte de la plaine, on voit
qu'on peut toujours y fixer la place
où les batailles et les événemens dont
parle Homère ont eu lieu. En un
mot, j'ai ajouté au témoignage de
l'Iliade, celui de quelques historiens

et géographes de l'antiquité qui jouis-
sent de la plus grande réputation. J'ai
démontré qu'ils s'accordent généralement avec le poëte grec , et que leurs
différences provenaient du change-
ment réel dans la topographie de la
plaine , qui par conséquent était l'endroit où ils ont tous cherché les traces
de l'Iliade. J'en conclus que les événemens cités dans ce poëme ont vraiment eu lieu, ou qu'Homère a adapté
toute son histoire , avec la plus grande
exactitude , au pays que nous venons
de décrire ; ce qui n'est nullement
probable d'après l'aveu de M. Bryant
lui-même.

J'ai déjà fait voir que nous n'avons
aucun motif raisonnable pour refuser de croire aux événemens mentionnés dans l'Iliade. Dans tout le
cours de cet ouvrage , j'ai indiqué
les raisons que nous avons , au
contraire , d'y ajouter foi comme à
un fait historique. Ecoutons M. Bryant

lui-même, on aura peine à croire que
c'est lui qui parle. « Le poëte, dit-
« il, est extrêmement clair et précis
« dans sa description du siége et des
« grands événemens qui l'accompa-
« gnent. La situation de la ville est
« indiquée, tout aussi bien que le
« camp des Grecs, etc. etc. ; en sorte
« que le site se présente aux yeux du
« lecteur : *ce qui donne au tout la*
« *plus grande apparence de vérité.* Le
« poëte parle aussi, mais accidentel-
« lement, d'événemens passés que l'on
« connaît également ; il parle de l'ar-
« rivée de Memnon, de la mort d'An-
« tiloque, tué par ce héros ; il dit que
« Pirrhus succéda à Achille, etc. etc.
« Toutes ces particularités semblent
« avoir fait partie d'une histoire tra-
« ditionnelle, bien connue du tems
« d'Homère ; et lorsqu'elles sont ame-
« nées presque sans dessein, elles por-
« tent un grand caractère de vérité.
« De pareils traits se trouvent rarement

« dans les romans et dans les fables. »

Après avoir exposé combien les objections de M. Bryant sont peu fondées, et combien il a raison de nous faire un pareil aveu, la conclusion est facile à déduire.

Mais l'air de vérité qui règne dans l'Iliade, n'est pas le seul motif pour y ajouter foi. Lorsqu'on examine les différentes traditions que les autres auteurs nous ont conservées, on trouve un grand nombre d'histoires de ces anciens tems, absolument distinctes entre elles et indépendantes des récits d'Homère. Quelques-unes contiennent des circonstances additionnelles, et d'autres contredisent quelques endroits de son récit. Toutes cependant s'accordent sur le cadre général, et leurs différences proviennent de ce qu'une partie a été consacrée à la postérité, sans aucune altération, par les écrits authentiques d'Homère, et que les autres

ont été transmises aux derniers âges
de la Grèce par des traditions incertaines. J'en ai fait connaître deux ou
trois. Hérodote (1) en retrouve une conservée comme un fait certain, dans un
des dépôts favoris de M: Bryant, c'est-
à-dire, le collége des prêtres égyptiens.
Strabon (2) nous en fait connaître une
autre généralement reçue chez le peuple
de Scepsis. Hérodote (3) nous en transmet une troisième répandue chez les
Persans et les autres peuples de l'Asie,
qui dataient de la prise de Troye leurs
hostilités contre les Grecs, et les regardaient comme les agresseurs. Je ne
parle point des traditions des Grecs (4);
les autels qu'ils élevaient aux héros,
leurs monumens, leurs fêtes, leurs

---

(1) *Hérodote*, l. II, ch. CXVII.

(2) *Strabon*, l. XIII, p. 607.

(3) *Hérodote*, l. I, ch. L

(4) *Voyez* Pausanias.

jeux, qui tous faisaient allusion à la guerre de Troye, rempliraient un volume, et sont trop connus pour avoir ici besoin d'explication. Mais si on y ajoute le témoignage réuni de l'Asie et de l'Egypte, où Hérodote a voyagé pour prendre connaissance de cette partie de leurs annales, on sera forcé de convenir qu'aucun événement dans l'histoire n'est appuyé plus solidement, et sur une tradition plus certaine.

Récapitulons à présent les événemens qui eurent lieu avant et après la guerre de Troye, et nous trouverons que l'hypothèse de M. Bryant anéantit toute l'ancienne histoire de la Grèce avec celle d'Homère. Nous connaissons la plupart des héros qui existaient avant la guerre ; nous sommes instruits de leur naissance, de leur généalogie, de leurs alliances. Agamemnon et Ménélas épousèrent les deux filles de Tyndare, et régnèrent à Mycène et à Sparte. Ulysse épousa

Pénélope, fille d'Icare. On a trouvé à Ithaque, à Sparte, et dans l'Argolide des traditions et des monumens relatifs à ces faits. Indépendamment du siége de Troye, nous connaissons l'histoire particulière de toutes les grandes familles de la Grèce. Homère parle légèrement de quelques-unes, et plusieurs sont conservées par d'autres auteurs, qui nous ont appris que Clytemnestre et Ægiale conspirèrent contre leurs maris pendant leur absence; que Pénélope et Télémaque furent opprimés par leurs ennemis jusqu'au retour d'Ulysse; que Pirrhus fut élevé à Scyros par son aïeul, jusqu'au moment où il succéda aux honneurs d'Achille. Différentes histoires de ce genre, toutes liées à l'Iliade et conservées par d'autres ouvrages, nous démontrent que ce poëme ne contient que quelques anneaux de la grande chaîne d'événemens que les poëmes d'Homère ont sauvés de l'oubli auquel les autres ont été condamnés. Après l'époque chantée par l'auteur de l'Iliade , nous connaissons le sort de ses héros (1) , la conduite de leurs femmes, de leurs enfans. La Grèce , affaiblie par une victoire qui lui coûtait si cher , et déchirée par des dissentions intestines , vit tous les trônes du Péloponèse renversés par le retour des Héraclides. Cette succession régulière d'événemens historiques ne peut être attaquée dans la plus petite partie, sans détruire les monumens de l'histoire et les témoignages réunis de l'ancien monde.

A toutes ces preuves j'ajouterai l'accord universel des anciens auteurs que je nomme à la fin de cet ouvrage.

---

(1) Par exemple , le meurtre de Pyrrhus, celui de Clytemnestre, les malheurs d'Electre et d'Iphigénie , et tant d'autres événemens que les Grecs ont si souvent choisis pour les sujets de leurs tragédies.

3.

Nous voyons tous les poëtes qui vé-
curent depuis Thucydide prendre les
destins d'Ilium pour sujets de leurs
chants : ils parlent tous du siège de
Troye. Nous trouvons cette époque
dans tous les écrivains qui tracèrent
les annales de ces siècles antiques.
Hérodote, Thucydide, Diodore lui-
même y donnent unanimement leur
sanction. Les géographes reconnaissent l'existence des lieux dont parlent les autres écrivains. Tout le livre
de Strabon n'est qu'un commentaire
du poëte. Jamais les philosophes ni les
critiques n'ont regardé cette histoire
comme une fable. Les hommes instruits et judicieux de tous les siècles
ont rendu le même hommage à la véracité d'Homère ; et Alexandre , en
sacrifiant au tombeau d'Achille, nous
fait voir sous quel point de vue son
précepteur Aristote lui avait appris
à considérer l'Iliade. Le lecteur qui
voudra examiner la nomenclature que

je donne des anciens auteurs, se con-
vaincra bientôt de leur exactitude, et
peut-être sa mémoire lui en fournira-
t-elle beaucoup d'autres; mais ceux que
j'indique ici sont suffisans pour établir
la validité de mon assertion. Ainsi, en
supposant que l'histoire de l'Iliade soit
fausse, Homère a eu le talent de
l'adapter non-seulement à la plaine,
mais encore aux noms, aux caractères, aux événemens historiques de
ces tems-là; et ce qu'il y a de plus
extraordinaire, aux traditions d'Asie,
d'Egypte et de diverses parties du
monde, traditions qui furent dans la
la suite découvertes par Hérodote. Je
ne parle point de l'esprit prophétique
dont Homère doit avoir été doué pour
s'être approprié tant d'histoires con-
temporaines, mises au jour par des auteurs qui vivaient aussi long-tems après
lui. L'aveu seul de la vérité peut nous
sauver de ce labyrinthe. Le tableau que
j'ai fait de l'état actuel de la plaine, en

confirmant le témoignage d'Homère, aura peut-être paru suffisant à ceux qui n'ont jamais douté de la véracité de ce poëte, et peut-être ai-je dissipé quelques doutes dans l'esprit de ceux qui avaient placé une confiance sans bornes dans la réputation très-méritée de M. Bryant. Si, comme témoin oculaire ou comme défenseur, j'ai été assez heureux pour jeter quelque jour sur cette célèbre et intéressante partie de l'histoire ancienne, j'ai rempli le seul but que je m'étais proposé, et j'espère qu'en faveur de ce motif, le lecteur voudra bien avoir de l'indulgence pour la manière dont j'ai traité ce sujet.

AUTEURS

Qui croient à la réalité de la ville de Troye en Phrygie.

HÉSIODE, Εργα κ̓ ημεραι, l. I, v. 163 *et passim*.

PINDARE, Olymp. II, stroph. V *et passim*. Olympiade IX, Antistr. III, Olympiade X, ép. I, etc. etc.

TRYPHIODORE, Ιλιυ αλωσις. Cet auteur était Egyptien.

CALLIMAQUE, εις λυτρα της Παλλαδος, v. 18 *et passim*, bibliothécaire à Alexandrie.

ESCHYLE, SOPHOCLE, EURYPIDE, *passim*. — *Voy.* Agamemnon, Philoctète, les Troyennes, etc.

LYCOPHRON, Αλεξανδρα *passim*. Cet auteur écrivit en Egypte.

APOLLONIUS RHODIUS, biblioth. à Alexandrie.

SYAGRIUS, PHANTASIE, DAPHNÉ, DICTYS de Crète, DARÈS le Phrygien, HÉLÈNE, auteurs qui vivaient avant Homère, suivant

M. Bryant lui-même ; et deux desquels étaient
Egyptiens de son aveu.

ESCHINE.

DÉMOSTHÈNE, επι ταφιος λογος, p. 1392, l. XI,
oratores græci, édition Reisk.

LESCHES, auteur de la petite Iliade, d'où Sophocle tira son Philoctète. *Quem antè Ter-*
pandrum vixisse, ait Clemens Alexandrinus,
p. 333. Tyrwhit, notes *de re poëticâ.*

PROCLUS, fragmens publiés par M. Tyrwhit,
notes sur Aristote, *de re poëticâ,* sec. XXXVIII.
C'est l'abrégé d'un poëme mentionné par
Hérodote et Aristote, τα κυπρια. Le sujet est
l'enlèvement d'Hélène, etc. Donc Aristote, les
poëmes cypriens et Proclus sont en ma faveur.

THÉOCRITE, idyl. XXII, v. 214 *et passim.*

COLUTHUS, περι Ελενης αρπαγην.

HÉRODOTE, THUCYDIDE, DIODORE, STRABON,
PAUSANIAS, ARRIEN, ARISTOTE sont déjà
cités dans cet ouvrage, ainsi que les marbres
d'Arondel et les écrivains chronologiques.

DENIS d'HALICARNASSE, p. 27, v. 9, p. 49,
v. 25 *et passim.*

Parmi les auteurs latins :

Tite-Live fait descendre Rome de la Phrygie; et s'il se trompe, cela prouve au moins combien il croyait au fond de l'histoire.

Après lui, Virgile, Ovide, Horace, Catulle, Properce, Valérius-Flaccus, Pétruve, Q. Curce, Statius, Lucrèce, Lucain; enfin, de tous côtés, c'est l'embarras des richesses, et les autorités que j'ai citées sont aussi fortes que si j'en avais nommé dix fois davantage.

ÉCRIVAINS

Qui ont refusé de croire entièrement
à l'histoire de Troye.

ANAXAGORAS, ce philosophe, né dans la 70e. olympiade, est cité par Diogène Laërce, comme le premier sceptique sur ce sujet.

MÉTRODORE, *apud* DIOGÈN. LAERT. et HESYCH.... TATIEN, ASSYR..... son contemporain, p. 262.

Un personnage dans Athénée. l. XII, p. 510.
Personnage dont on ne connaît rien.

Basile le Grand, πϱος τας νεας, auteur des
bas siècles de l'Empire romain.

Bryant, 1796, le seul auteur qui la place en
Egypte, sur sa seule autorité, *Bryant*, p. 62.

INSCRIPTIONS GRECQUES
Trouvées dans la Troade.

N.º I.

INSCRIPTION trouvée au cap Sigée.

Φανοδικυ ειμι τυ	Φανςδικυ
Ερμοκρατευς τυ προκο	εμι τυρμοκ
νησιυ καγω κρατκρα	ρατεος τυ
Καπιςατον κᵉ ηθμ	Προκοννη
αν ες πρυτανειον ε	σιυς κρητηρ
δωκα μνημα Σιγει	α δε κᵉ υποκ
ευσι εαν δε τι πασκ	ρητηριον κ
ω μελεδαινειν μεω	αι ηθμον ες π.
Σιγειεις κᵉ μ' εωο	ρυτανηιον
ησεν Ο Αισωπος κᵉ	εδωκεν Σιγει
Οι αδελφοι.	ευσιν

Cette double inscription se lit sur
un marbre placé jadis dans l'enceinte
de Troye, tiré de là pour orner le Pry-

tanée des Sigéens, et servant aujour-
d'hui de siége aux chrétiens grecs,
lorsqu'ils se rassemblent aux portes de
leur église. Personne n'ignore avec
quelle sagacité Edm. Chishull a expliqué ce monument, le plus respec-
table peut-être de tous ceux que le tems
a épargnés. L'ouvrage de ce savant
Anglais est entre les mains de tout le
monde. Il développe tout ce que cette
double inscription présente de singulier ou d'utile pour l'étude et la connaissance des antiquités grecques. Je
me contenterai donc de rappeler ici
que le marbre sur lequel elle est gravée
est un parallélogramme d'environ huit
pieds de hauteur et d'un pied et demi
de large. Il formait vraisemblablement
un de ces hermes, c'est-à-dire, de ces
figures ou représentations informes
qui, dans l'enfance de l'art, chez les
Grecs, servaient de statues et suppor-
taient des têtes grossièrement tra-
vaillées. L'une et l'autre inscription,

exemple unique aujourd'hui d'un genre
d'écriture dont Pausanias lui-même, il
y a déjà seize siècles, n'avait pu rencontrer qu'un modèle, sont tracées en
lignes boustrophédoniennes, c'est-à-
dire, qui imitent le retour des bœufs
labourant, au bout du sillon.

Non attollebant dextram ; sed meta prioris
Principium versùs posterioris erat.

L'une et l'autre, mais sur-tout la
première, qui est aussi la plus longue,
conçue en idiôme mi-partie attique et
lesbien, n'offrent que de ces lettres de
Cadmus ou de Palamède, qui formaient
seules l'alphabet grec, antérieurement
au siècle de Simonides, et qui furent
originairement communes aux Etrus-
ques et aux Latins, comme aux Eoliens
et aux Ioniens. On y voit employée,
comme un simple signe d'aspiration,
la lettre *H*, devenue par la suite, pour
les Grecs, la troisième voyelle ; l'*E*
long, mais qui tient la huitième place

dans l'alphabet des Hébreux et des Latins. Ce n'est pas la seule particularité importante qu'on y remarque ; le célèbre auteur du *Voyage d'Anacharsis* en a très-ingénieusement tiré parti, pour fonder les principes de sa Palœographie numismatique, comme on en pourra juger par une savante dissertation trouvée dans ses manuscrits, et qui va être incessamment publiée.

La seconde inscription peut sans doute paraître une simple copie, une copie même imparfaite et mutilée de la première. Toutefois, les signes de haute antiquité dont elle est également empreinte, la font remonter, pour le moins, au cinquième siècle avant l'ère chrétienne, et par-là suppléent abondamment au défaut d'intérêt dans le sujet intrinsèque.

En effet, ces deux inscriptions roulent uniquement sur le don qu'un étranger nommé Phanodique et fils d'Hermocrate le Proconésien, avait

Fait au Prytanée des Sigéens d'une coupe (ou cratère), d'une soucoupe et d'un filtre (ou couloir). Dans l'une et l'autre inscription, c'est la statue, ou plutôt le personnage qu'elle représentait, qui parle et qui dit :

« Je suis Phanodique, fils d'Her-
« mocrate le Proconésien. J'ai donné
« aux Sigéens, pour l'usage du Pry-
« tanée, une coupe, une soucoupe et
« un filtre, monumens (de ma géné-
« rosité). Si j'éprouvais quelque dom-
« mage, ô Sigéens ! ayez soin (de le
« réparer). Je suis l'ouvrage d'Æsopus
« et de ses frères. »

N.º I I.

Fragment d'inscription trouvé sur une plaque de marbre, dans les ruines du temple d'A- pollon-Thymbréen.

Ἀτταλὶς ΦΥΛΗ (au lieu de Φι...)
Attalis tribus

Σεξτον Ιουλιον Φι..... (le reste du nom est effacé.)
Sextum Julium

τον κοσμον της πΟΛΕ
ornamentum (sive primum magistratum) ur-

ως (1) επαρχον σπειρης
bis,   præfectum cohorti

ΦΛαβιανης γυμνασιαρ
Flavianæ, qui gymnasiorum

ΧΗσαντα λαμπρως και φιΛΟ
præses fuit splendidè et lau-

Τειμως και πρωτον
tè, et qui primus

Των απ αιωνος και
ab omni ævo, et

---

(1) On a traduit τον κοσμον par *ornement*, ou *premier magistrat de la ville*. En effet, κοσμος a souvent cette dernière signification, et répondait en Crète au mot d'*Ephore* à Lacédémone, où Lycurgue avait apporté les lois de Minos pour fonder son couvent militaire si vanté. La seule différence est qu'il n'y avait que cinq Ephores à Lacédémone, et dix *Cosmes*, ou κοσμοι, dans l'île de Crète. C'est Aristote qui fait cette observation (de Rep. l. II, ch. VIII, p. 211, éd. d'Heinsius. Leyde, 1621, in-8°.) Strabon, l. x, p. 482, éd. de Paris, 1620, les appelle κοσμιοι, au lieu de κοσμοι. *Voyez* les inscriptions

ΜΕχϱι ϓΝ (je lis ainsi, au lieu de λεχϱινι) μονοΝ
usque nunc solus, oleum   ελαΙΟΝ

   μετϱησαντα τους
  dimensus est, (distribuit)

   τε βουλευτας και πα
  et senatores et

   λειτας παντας αΛΕΙ
  cives cunctos

ψαντα (c'est ainsi que je lis, au lieu d'αιψαντα) εκ λουτϱων
unxit ex balnéis

   ΗΑΝδημει (c'est ainsi que je restitue le mot δημει)
  omnes prorsus qui in urbe aderant.

---

des différens peuples de la Crète, rapportées par
Pricaeus, p. 63 et 64, sur l'*Apologie d'Apulée*,
Montfaucon, *Diarium Italicum*, p. 72. Meur-
sius, *in Creta*, p. 167. Wesseling *ad Itinerar.*
p. 650, indiqués par Alberti sur Hesychius, au
mot κοσμος, et Chishull, p. 123, *Antiquit.*
Asiatic.

Chishull cite plusieurs inscriptions de diverses
villes de la Crète, qui appelaient leurs κοσμοι
du nom de κοσμιοι. Consultez aussi la page 36o
et les suivantes du profond et judicieux ouvrage
nouvellement donné à Paris, in-8°., par un
savant distingué, sous le titre : *Des anciens*
Gouvernemens fédératifs et de la législation de
la Crète.

N.º III.

Inscription trouvée dans les mêmes ruines,
sur une plaque de marbre.

......Ιλιει και πολει κοινωνουσαι τηΣ ε
Iliensi et urbi participes

σιας   και του αγωνος και της πανηγυριΩΣ
sacrorum, et ludi,   et festæ diei.

αυτοκρατορα Καισαρα θεΟΥ
Imperatorem Cæsarem, Dei

υιον   θεον   σεΒΑΣτον,
filium, Deum, Augustum,

ανυπερβλητοις πραξεσιν κεχΡΗμενον
insuperabilibus præclarè gestis conspicuum,

Au premier coup-d'œil, on reconnaissait ces
magistrats, parce qu'ils laissaient croître leur
barbe et leurs cheveux. Sénèque, *Controversia-*
rum, l. IV, *Controvers.* 27, p. 327, t. III, ed.
Amstelodami, 1672, in-8º. et l. IX. *Declama-*
tione IV, p. 506 : *mos est barbam et capillos*
magistratui Cretensium submittere.

Si les magistrats de la Troade Éolienne ne
s'appelaient pas κοσμοι comme ceux des répu-
bliques de la Crète, alors il faudra simplement
traduire *l'ornement de la ville.*

και ευεργεσιαις ταις εις απAN

et beneficiis   erga omnes

τας ανθρωπΟΥΣ

homines.

Ιππαρχος Ηγησιδημου   Ιλιευς συνεδΡΕΥΩΝ

Hipparchus Hegesidemi filius, Iliensis, in concilio as-
sidens,

(ou συνεδΡΟΝ, cum basi. Je lis *Ηγησιδημου*, au
lieu ᵈη της ιδημου).

τον ανδριαντα ανεθηκεν εκ των ιδΙΩΝ

statuam consecravit propriâ pecuniâ,

δια την προς τον Σεβαστον

ob suam erga   Augustum,

και ευεργεΤΗΝ

et bene de se meritum,

και σΩτηρα εαυτου ευσεβΕΙΑΝ

et servatorem suum, pietatem.

N.º IV.

*Inscription gravée sur une plaque de marbre
brisée en deux morceaux, dont l'un a été
trouvé dans les ruines du temple d'Apollon-
Thimbréen, et l'autre au village de Tchiblak,
site très-probable de la nouvelle Ilium.*

lignes.

1. . . . . θεων ερμι . . . . ε

2. . . . .

3.   20

Signes.

3.   τους θεους οσιως και ευσεβως

4.   .   .   .   .   .   .

5.   .   .   .   .   .   .

6.   .   .   .   .   .   .

7.   .   .   .   .   .   .

8.   εξ αππεριτων ετων δεμενων χρημΑΣΙ και σκευδΗ

9.   .   .   .   .   .   .   Φιλανθρωπια

10. των εις τον απαντα χρονον α[υθη τυχη και σωτηρις....
        τας

11. εν αυτουερμιου υερατις τους τετραπεταμεν χρημα͜τα

12. .   .   .   .   .   .

13. ΕΧΕΙΝ ΕΝΤΕΥ.... τας ειδια γε[γαμμενας

14. τοις μεθ εαυτου εκατον και παραδουνα͜ι

15. ΕΧΕΙΝ ευθεματα . . . .

16. . . . . . . ον απο της προσοδον γινεσθαι τας της

17. Αλεξανδρειας και των Ιλιακων πομπην και θυσιας
        εν τω

18. παναθηναια του ετους απο της προσοδου

19. Φιλης ερεθησομενοις Φιλαρχαι εν τω παναθηναια

20. τα τριο.... λονα Φελην δραχμας εκατον

21. ευσαιβοι (lisez : υς και βους) θηλειαι..... ευρυοντος

22. στεμματα προφερεσθαι . . . .

23. τους των Φιλαρχων . . . εστην ακολουθηκαι

24. και προθυεσθαι τω Διι . . . επιγραψφανγας

25. λαγαν θεσθαι της δαπανης προβα͜τα επιτελες...
        δεκα

26. των παντων των και θεων παντων της δε πομπης
        επιμελη͜τας

27. ως κατα καλος πομπευωσιν ας και . . .

lignes.

28. τους της ευταξιας επιμελησομενυς επαξια πομπης
        καθιστανται

29 θυντας την ραβδω . . . . κὴ τυς καταστατθεντας εχειν

30 ιδια (au lieu de ιλια) ταξιν εν οις επιτετακται
        τηνδε την πομπην εκ των βασιλικων.

Cette inscription signifie qu'avec
un certain revenu on fera tous les ans
la dépense de la fête d'Alexandria-
Troas, des jeux Iliaques, et celle des
sacrifices dans la fête de Minerve ;
c'est, sans doute, la solemnité dont il
est parlé dans l'inscription précédente,
n°. 3. του αγωγος και της πανηγυρεως. *Voyez* ce
que j'ai dit, tome II, p. 136 et 137.

On y fait mention du prix que coû-
taient les victimes, des bandelettes
qu'il fallait présenter, du sacrifice
qu'il fallait, avant tout, offrir à
Jupiter, et des maîtres de cérémonie
qui avaient une place marquée et qui
étaient chargés du soin de présider
à la fête, et d'y faire régner l'ordre et
la décence convenable.

Minerve avait un culte particulier,
et était singulièrement honorée dans
la Troade. *Voyez* ce que Strabon dit
de son temple à Ilium (p. 593, l. XIII,
éd. de Paris, 1620, in-fol.) ainsi que
Tite - Live) liv. XXXV, ch. XLIII et
l. XXXVII, ch. IX.) et Virgile (Æneid.
l. I, v. 483.)

Interea ad templum non æquæ Palladis ibant
Crinibus Iliades passis peplumque ferebant.

Comparez Homère (Il. l. VI, v. 299
et suiv.)

N.º V.

Inscription trouvée au village d'Erkessighy, sur
un sarcophage apporté d'Alexandria-Troas.

Μαρκυς Παυλινυς Αελιυς Αυριλιυς
Marcus Paulinus Ælius Aurelius

Αιλιου Αγαθοποδος Οθονιακου υΙος Αυρελιου
Ælii Agathopodis Otho   filius, Aurelii

Παυλεινου τυ και γενομενου παγκρατιασ]ου ου
Paulini qui   fuit et Pancratiastes, cujus

και εν τω σμινθειω εΣΤΗκεν ανδρειας και ενθαδε ει τα
et in Apollinis Sminthei templo erecta est statua, et hic in

ασκληπειω εθηκα την σορον εμαυτω και τω γλυκυτατω
Æsculapii templo, posui sepulcrum mihi, et dulcissimo

παιΔι τω πΡογεγραμμενω Αυριλιω Παυλεινω και τοις
filio   suprascripto   Aurelio Paulino, et iis

εκ του
qui ex

(je lis παιδι, au lieu de παρι).

ΓΕΝΟΥΣ μου. ει δε τις τολμηση ανοιξαι ταυτην
meo genere sunt. Si quis autem ausus fuerit reserare hoc

την σορΟΝ η
sepulcrum, vel

(je lis γενους μου, au lieu d'ετοισμου).

ΝΕΚρον αλλοτριον Η οςεα τινος εγκαταθεσθαι δωσΕΙ
cadaver alienum, vel ossa cujusdam, in eo deponere,

προς
solvet

Τιμον τη Τρωαδιων Πολει
mulctam Troadensium urbi

χ′ βΦι και τω ιερωτατω ταμειω χβΦ
Drachmas 2510, et sanctissimo ærario.

La première ligne de cette inscription offre une singularité remarquable, c'est qu'elle est écrite en caractères latins, *Marcus*, *Paulinus Ælius
Aurilius*, au lieu d'*Aurelius*, à cause
de la prononciation de l'H, ou *éta*,
qui, dès ce tems, et beaucoup au-

paravant, se confondait avec celle de l'*iota*, comme je l'ai remarqué, tome II, p. 128.

Polémon, cité par Clément d'Alexandrie (*in cohortatione ad gentes*, t. 1, p. 34, éd. de Potter. Oxford 1715, in-fol.), dit que les habitans de la Troade avaient de la vénération pour les rats de leur pays, qu'ils appelaient *sminthi*, parce que ces animaux avaient rongé les cordes des arcs de leurs ennemis, et que c'est ce qui avait fait donner à Apollon le surnom de *Sminthien* (1).

____

(1) *Voy.* Strabon, p. 604, 605 et 611; Eustathe, p. 34, éd. de Rome, t. 1; le Pseudo-Didyme sur le 1er. livre de l'Iliade, v. 39, et sur le culte et le temple de Minerve à Ilium; l'épigramme de Tymnéas, p. 505, n°. 1, t. 1 des *Analecta* de M. Brunck; et celle d'Agathias, p. 54, n°. 66, t. III, *ibid.*

N.º VI.

Inscription trouvée par M. Akerblad, à une demi-lieue à l'ouest des sources du Sca-mandre.

. . . . σιας κ̄ τοῦ αγωνος
. . . . αθηναιης παναγυρεας
. . . Δημητριου Ιλιαδα
. . . . οσιος κανηφορησασαν
ευσεβειας ενεκεν της προς την θεαν.

M. Akerblad a rétabli cette Inscription de la manière suivante :

ΚΟΙΝΟΝ ΤΗΣ Θυσιας κ̄ τοῦ αγωνος
ΚΑΙ ΤΗΣ αθηναιης παναγυρεως

Ici le **nom** de la Canephore à l'accusatif.

Δημητριον Ιλιαδα
ΑΝΕΘΗΚΕ οσιως Κανηφορησασαν
ευσεβειας ενεκεν της προς την θεαν.

Cette inscription rappelle un monument qui fut élevé par ceux qui contribuaient aux sacrifices, aux jeux et aux fêtes de Minerve, en l'honneur d'une troyenne nommée...... fille de Démétrius, qui avait rempli saintement l'emploi de Canephore, et qui

avait mérité cet honneur par sa piété
envers la déesse.

N.º VII.

*Inscription trouvée par M. Akerblad, au village
de Tchiblak, situation présumée de la nouvelle Ilium.*

τΙΒΕριωι κλαυδιαι καισαΡΙ σΕ
ΒΑΣΤΩ γερμανικωι καὶ ιουλιΑ σΕ
ΒΑΣτηι αγριππεινηι καὶ τοΙΣ
Υιοις αυτων καὶ τη συγΓΕΝΕΙΚ
καὶ τηι Αθηνα τηι ιλιαΔΙ
ΚΛΙ ΤΩ δημω τιβεριος κλαυΔΙΟΑ
ΘΕΟ φανους υιος φιλοκτητον
ΚΑι η γυνη αυτου κλαυδΙΑ
- . . . . νος θυγατηρ παρμεν.
ΤΗν στοαν καὶ τα εν αυτΗ
ΤΑυτα κατασκευασαντΟ
ΚΑΙ Εκ των Ιλιων ανεθηκΑΝ.

Cette inscription rappelle un por-
tique qu'un certain Tiberius Claudius
et sa femme Claudia avaient bâti et
dédié à l'empereur Claude, à sa femme
Agrippine, à leur famille, à la Minerve troyenne et au peuple. Suétone

(Claud. 25) rapporte en effet que l'empereur Claude honora la nouvelle Ilium d'une protection particulière.

« Iliensibus quasi Rom. gentis autoribus, tributa in perpetuum remisit recitatâ vetere epistolâ graecâ, senatûs populique romani Seleuco regi amicitiam et societatem demum pollicentis, si consanguineos suos Ilienses ab omni onere immunes praestitisset. »

INSCRIPTIONS LATINES

*Trouvées dans la Troade, par M. Willis, né-
goliant anglais à Constantinople.*

On les représente ici telles qu'elles se trouvent dans un nouvel ouvrage sur la Troade,
publié en Allemagne.

N.º VIII.

FORTISSIMI ET INVICTIS-
SIMI CAESARI ON GALER.
AVR. VAL. MAXIMIANI
PRINCIPI IVBENTVTI.

Ab alterâ parte.

CEN. POPVLI
C. IVLIVS. C. F. ANT. IVNIANVS
I. VIR. ITER. II. VIR QVINQ. AED.
SACERDOTALI ET. II. VIRALI
MENT. ET. IVRE CONCIONAN
IVS PEDESTRIB. ET EQVESTR.

N.º IX.

Q. LOLLIO. Q. F.
ANIFRONTON
TRIB. MILIT. C. III AVG
PRAEF. FABR. TERT.
PRAEF. EQVITVM ALAE
NVMID. II VIR. PONT.
CIVITATES. XXXX IIII
EX PPOVIN. AFRICA
QVAE. SVB EO. CENSAE SVNT.

N.º X.

*Inscription trouvée par Lechevalier, sur la
route de Ieni-Keu au cap Sigée.*

C. MARCIVS. MARSVS.
V. F. SIBI ET SVIS.

N.º XI.

*Inscription trouvée par le même, sur une des
fenêtres de la mosquée de Kemalli.*

DIVI. CLAV.
... VSTI....ROM. DIVI. AV
...NT. MAX. TRIB. POT.

FIN DU TROISIÈME ET DERNIER VOLUME.

ERRATA.

TOME Ier.

Page 40, *lig.* 6, aeris, *lisez* aerias.
ibid, *lig.* 16, fûts, *lisez* de fûts.
43, *lig.* 15, Antipaxe, *lisez* Antipaxo.
45, *lig.* 6, à l'entrée, *lisez* aux environs.
159, *lig.* 15, ευιππυ, *lisez* ευιππυ.
181, *à la note,* την, *lisez* την
192, *lig.* 18, Statius, *lisez* Stace.
281, *lig.* 11, Pourquoi Hérodote ne le dit-il pas?
lisez Pourquoi? Hérodote ne le dit pas.

TOME II.

Page 61, *lig.* 16, encore moins, *lisez* ni.
232, *lig.* 4, chant de bataille, *lisez* champ de
bataille.

TOME III.

Page 9, *lig.* 9, à, *lisez* de.
80, *lig.* 11, Odysseys, *lisez* Odysseias.